孟苑家语

让我们一起教孩子

赵永和 主编

齊魯書社
·济南·

图书在版编目（CIP）数据

孟苑家语：让我们一起教孩子 / 赵永和主编. --
济南：齐鲁书社，2022.7
ISBN 978-7-5333-4603-4

Ⅰ. ①孟… Ⅱ. ①赵… Ⅲ. ①家庭教育 Ⅳ. ①G78

中国版本图书馆 CIP 数据核字(2022) 第 129500 号

责任编辑：向　群
责任校对：王其宝　赵自环
装帧设计：赵萌萌

孟苑家语：让我们一起教孩子
MENGYUAN JIAYU: RANG WOMEN YIQI JIAO HAIZI

赵永和　主编

主管单位　山东出版传媒股份有限公司
出版发行　齊魯書社
社　　址　济南市市中区舜耕路 517 号
邮　　编　250003
网　　址　www.qlss.com.cn
电子邮箱　qilupress@126.com
营销中心　（0531）82098521　82098519　82098517
印　　刷　山东临沂新华印刷物流集团有限责任公司
开　　本　880mm × 1230mm　1/32
印　　张　7
插　　页　4
字　　数　175千
版　　次　2022年7月第1版
印　　次　2022年7月第1次印刷
标准书号　ISBN 978-7-5333-4603-4
定　　价　38.00元

《孟苑家语》编委会

序

家庭如港湾，不仅是遮风避雨的归所，也是重整行囊的出发点。对于孩子来讲，从小在家庭中潜移默化地受到父母教育，从而养成的独特精神品格，对其今后在社会中立身处世有着重大的影响。因此，在一定程度上讲，良好的家庭教育是孩子成长的基础和未来幸福的源泉。

家庭教育中，孩子是受教者，父母是施教人。父母不仅是孩子的物质提供者，更是爱与陪伴的给予者、精神世界的引领者。孩子的学习成绩固然重要，但与之相比，父母更应当关心关注孩子的道德品质塑造、生活技能培养、行为习惯养成。换言之，父母在家庭教育这个“三尺讲台”上，要给孩子讲好“人生第一课”，帮助扣好人生第一粒“扣子”。

中华民族向来重视家庭教育，家戒、家训、家规和家范不仅是中华优秀传统文化的重要组成部分，也是传统文化中与当下社会最直接紧密相关的内容。然而，在当下新旧家庭教育理念和东西方家庭教育模式的相互碰撞、相互融合中，家长们处于“无证上岗”的盲目和茫然状态，我们的家庭教育在实践中也出现了许多不尽如人意之处，如何走出家长教育的误区，找到教育孩子的适宜方法，成为家长们亟待解决的难题，也是事关个人幸福、家庭和谐、社会稳定、国家发展和民族进步的重要课题。

2016 年，我被聘为孟子研究院特聘院长，一路见证孟子研究院在弘扬优秀儒家文化方面的躬身实践。为弘扬“孟母教子”精神，促进家庭教育事业发展，孟子研究院于 2017 年成立了家长学校，叫响了“家长好好学习，子女天天向上”的办学口号，2019 年又设立了孟母教子与家长教育研究所，围绕唤醒广大父母作为“家长”的责任意识，开设了孟母大讲堂，开展家长教育公益讲座，多渠道、多路径宣传和普及家庭教育理念，为孩子们的健康成长保驾护航。课程设置合理，内容丰富，得到了广大家长朋友的积极参与。

我们现在看到的《孟苑家语：让我们一起教孩子》便是孟子研究院讲师在家长教育系列讲座讲稿的基础上进行整理、加工、润色完成的。其中涵盖爱的教育、启蒙教育、习惯培养、品德教育、心理健康、学习能力、生活能力、家风传承等诸多方面，而今汇编成册，结集出版，以飨读者。

该书是孟子研究院家庭教育工作实践的总结，十篇内容各有侧重，风格也不尽相同，大多都能将中华家教文化的丰富滋养和当今家庭教育实际相结合，向家长们讲述怎样当好家长、怎样培养好孩子的道理、途径和方法。相信家长朋友们阅读此书，一定能够有所收获，成为新时代有素养、有智慧、有水平的好家长，顺乎时代发展，培养孩子成才，为实现中华民族伟大复兴贡献力量。

是为序。

王志民

2022 年 7 月

目　录

学孟母教子，做幸福家长

赵永和

家庭是孩子的第一所学校，家长是孩子的第一任老师。这么说来，家庭是家长的一个“工作岗位”，家长是一种“职业”。

从职业的角度看，家长具有“三无”的特性。第一，教育的对象无法选择。子女一出生即为父母的教育对象，且不可改变。家长无法选择孩子，孩子更无法选择家长。第二，教育工作无法辞职。无论做什么工作，都可以辞职，可以找人替代，比如学校教师可以轮流更替，但父母是终身制，不能辞职，不能退休。第三，教育遗憾无法弥补。父母教育孩子买的是一张单程票，没有返程，在孩子小的时候，父母说的错话、做的错事，在孩子的教育上犯下的错误、留下的遗憾基本无法弥补。

现代社会无论从事什么工作，都要经过专业的培训。但是，绝大部分家长是没有经过任何培训就为人父母的，把孩子当作自己教育的试验品，这是非常危险的。因此，对家长进行科学、系统、规范的培训，先培训再“就业”，就显得格外重要和迫切。

教育工作，理念先行。家长教育孩子，要想有好的效果，须先拥有正确的育儿理念，如此才能在养育孩子的过程中，因材施教，对症下药。下面，我跟大家分享一下我的教育理念——“十要十不要”。

一、要明确教育目标，不要迷失教育方向

1. 吃好，穿好，学习好

吃饱穿暖是人的基本需求，学习则是人前进的阶梯。作为家长，首先要让孩子吃好穿好，给孩子的学习提供最基本的物质保障。我刚开始当家长的时候，不知道怎样教育孩子，也没考虑过孩子的教育目标是什么，只有一个简单的想法——让女儿吃好、穿好、学习好。我觉得这个简单、朴素的理念，放在今天也是合理的。只是，我们不能将这些想法固化，或是陷入一种极端。比如，一味地在物质上满足孩子而毫无节制；又比如，认为学习的目的就是考个好大学、找份好工作。前者是极端，后者是固化。

2. 教育的第一目标是育人

2021年，习近平总书记在看望参加全国政协十三届四次会议的医药卫生界、教育界委员并参加联组会时发表重要讲话，指出：“教育，无论学校教育还是家庭教育，都不能过于注重分数。分数是一时之得，要从一生的成长目标来看。如果最后没有形成健康成熟的人格，那是不合格的。”可见，教育孩子的最终目标是把孩子培养成人。什么是“成人”？我认为，成人就是让孩子成为一个健康的人。“健康”包括四个方面。

身体健康是第一位的，否则其他的都无从谈起。俗话说“身

体是革命的本钱”，身体也是学习、生活的本钱。什么是身体健康？就是身体机能正常，胳膊、腿以及身体的其他器官没什么毛病，生理功能正常。

心理健康，指心理的各个方面及活动过程处于一种良好或正常的状态。具体来说，就是外部适应性良好、态度积极、行为恰当、智力正常、认知正确、情感适当、意志合理。孩子的心理健康比身体健康更重要，家长要时刻关注孩子的心理健康，防止孩子有心理障碍、精神障碍。

社会适应，指孩子在心理、生理、行为上的各种适应性，与社会达到一种和谐的状态。孩子在家是父母的宝，但总有一天会离开父母，离开家，去闯荡社会，去打拼自己的人生。作为家长，要培养孩子的社会适应能力，让孩子学会和外界打交道，不要说孩子在家什么都行，出门什么都不行，这是万万不行的。

道德健康，是指一个人拥有健康成熟的人格，具备一个人的基本品质。孩子只有道德健康，人生的路才能越走越宽。如何培养孩子的道德健康呢？简单来说，可以以我们的社会主义核心价值观“富强、民主、文明、和谐，自由、平等、公正、法治，爱国、敬业、诚信、友善”为根本遵循。

3. 勤劳是一种美德

人要生活，就要有一定的物质基础，而物质基础的创造离不开勤劳。怎样培养孩子的勤劳品质？最简单的就是让孩子做家务。美国哈佛大学曾用 20 年的时间做了一项研究，研究结果表明，学做家务的孩子跟不做家务的孩子相比，就业率是 15∶1，收入高 20%，而且组建的家庭也更为幸福。

清代著名的画家郑板桥曾告诫儿子：“吃自己的饭，流自己的汗，自己的事自己干，靠天靠地靠祖宗，不算是好汉。”在德国，妈妈行为准则里面有一条：“要让孩子做事，不要代孩子做事。”

培养孩子勤劳的方法很简单，那就是舍得用孩子，只要孩子自己能干的事，就让他自己干，让他自己去完成，不要凡事包办。现在，很多孩子的懒惰与家长舍不得用孩子有着很大的关系。

4. 善良是一颗种子

善良是一个人最基本的品质之一。一个人可以不漂亮，但不可以不善良。善良是一颗种子，种在土里，它就会生根发芽、开花结果。

在我国的传统文化里，一直以来特别重视“善”。《孟子·公孙丑》中有这样一句话：“君子莫大乎与人为善。”孟子特别重视善，“善”字在《孟子》一书中就出现过100多次，我们现在所用的“与人为善”这个词语就来源于《孟子》。孟子讲的“与人为善”，是指和别人一起做好事，比我们今天所理解的意蕴更深广。我们今天对“与人为善”的理解是：对别人要有善意，要怀着一颗善心对待别人，乐于帮助别人。孟子又说：“以善养人，然后能服天下。”用善来滋养人，你就能让天下人信服，可见善的作用巨大。

如何培养孩子的善良品质？父母以身示范，怀着一颗爱心教育孩子，用实际行动教孩子向上、向善，让孩子懂得尊重弱势群体，学会爱护动物、花草树木。

5. 诚信是一个人最基本的品质要求

“人无信不立”，一个人如果没有诚信，也就失去了别人对他的信任，很难在社会上立足。诚信是一个人一生的品牌。

诚信的品质怎样培养？孟母给我们做出了榜样。《韩诗外传》记载了孟母“买肉实言”的故事：有一天，孟子看到邻居家在杀猪，就问母亲，邻居家杀猪给谁吃。孟母随口说：“给你吃。”话一落地，孟母马上意识到了不妥：人家杀猪是用来卖的，并不是给孟子吃的。为了兑现自己说的话，孟母买了肉给孟子吃，以示说到做到，不欺骗。这就是诚信。父母要以身作则，在孩子面前不说谎，做不到的就不说，说了就一定做，靠言传身教，潜移默化地培养孩子的诚信。

6. 公正也是一种安全保障

《辞源》对“公正”一词的解释：“不偏私，正直。”简单来说，就是公平正义。家长要培养孩子的公正之心，教孩子待人接物正直无私、胸怀坦荡、公平正义。

孟子曾说“仰不愧于天，俯不怍于人”，这就是公正的底气。孩子只有具备了这种品质，才能明辨是非，才能知道什么该做、什么不该做、该怎么做，才能成长为一个让人放心、不危害他人的人。所以，家长要从小教育孩子正确判断是非、明辨真伪、光明磊落，培养孩子的公正品质。

二、要重视成长环境的作用，不要漠视潜移默化的力量

1. 环境对孩子的成长至关重要

古语说“近朱者赤，近墨者黑”，意思是接近好人可以使人变

好，接近坏人会使人变坏，指客观环境对人有很大的影响。家庭作为孩子最重要的成长环境，对孩子的成长起着至关重要的作用。

孟母“三迁择邻”的故事，我们都耳熟能详。孟母为了让孟子有一个好的成长环境，将家从墓地旁搬到集市旁，后来又搬到学宫旁，并在此定居。孟子在这里每天能接受到礼乐教化，增长学问见识，涵养道德性情。孟子长大成人后，学成礼、乐、射、御、书、数六艺，成为一代大儒。君子认为这是孟母逐步教化、环境影响的结果。

为什么孟母前两次要搬离原来的住所？居住在墓地旁经常能看到人办丧事，丧事本身是件让人伤心的事，孟子却把它当成游戏，这当然不利于孟子的学习，更不利于培养仁爱之心；居住在集市旁经常能看到、听到商贩叫买叫卖，孟子以此为游戏，这也不利于孟子的学习，更不利于培养正确的义利观。相反，居住在学宫旁边，每天都能接受礼乐的教化，增长学问见识，涵养道德性情，有利于小孟子人格的培养。

家长在养育孩子的过程中，也要重视环境的影响。夫妻之间有话好好说，互敬互爱，尊老爱幼，以身示范，给孩子创造良好的学习环境，营造轻松和谐的家庭氛围。

2. 理想的家庭环境：和谐

家庭环境对孩子的成长至关重要，一个良好的家庭应该是积极、阳光、向上的，对内孝敬父母，和谐幸福；对外团结邻里，遵守公德等。

如果用最简单的话概括家长应当为孩子创造的理想家庭环境，那就是“家和万事兴”。家长是一份“职业”，要有责任和担当意识，有正确的工作态度，努力建设“和”的家庭氛围，用自己积极的一面影响孩子，而不能破坏孩子的成长环境，把自己的缺点传递给下一代。比如，关于抽烟的问题，家长应该尽量戒烟。一是因为吸烟有害健康，你在损害自身健康的同时，也迫使你的家人吸了二手烟；二是因为家长抽烟会给孩子形成一个很不好的示范，让孩子有样学样，无所约束。身教胜于言传，家长在做每一件事之前，要想一想会给孩子带来什么样的影响。

3. 言谈话语健康

健康的家庭环境，首先体现在家长的言谈话语健康。《周易》讲：“君子居其室，出其言，善则千里之外应之，况其迩者乎？居其室，出其言，不善则千里之外违之，况其迩者乎？”意思就是，一个人在家中说一些善意、美好的话，千里之外的人听到后都会响应，何况是近处的人呢？反之，一个人在家中说一些狠毒、丑恶的话，千里之外的人听到后也会违抗，何况是近处的人呢？可见，好话、坏话的影响是多么不同！所谓“良言一句三冬暖，恶语伤人六月寒”，说的也是这个道理。

家长平时在家说话，要多赞美对方；与孩子交流，要多说美好而充满爱意的话，少说泄气、抱怨或恶毒的话，以免给孩子的内心造成不可逆转的伤害。

4. 举止行为健康

家长的举止行为健康也是家庭健康的一个重要方面。举止行为，即身教，相比于言传，对孩子的影响更加深远。孩子会有意无意地模仿父母日常生活中的行为。在某种程度上，孩子长大后的性格和处理问题的方式都会有父母的影子。

孔子曾说："其身正，不令而行；其身不正，虽令不从。"用到家庭教育上就是说家长要做好表率，以身作则，给孩子最好的示范。作为父母，要时刻保持举止行为健康，给孩子做典范。例如，生活中，夫妻双方要互以对方为重，善于发现对方的美，并不吝赞美，尊敬长辈，孝敬长辈；工作上，勤劳敬业，认真对待；在家里，勤快、主动，多做家务，每天坚持阅读，少玩或不玩手机；在公共场合，讲文明，有礼貌，不随地吐痰，不乱丢垃圾，遵守交通规则……总之，行为举止健康就是为孩子树立榜样，在潜移默化中让孩子养成良好的习惯、优秀的品格。

5. 营造宽松的家庭环境

宽松的家庭环境，主要是指在孩子的成长过程中，父母能够尊重孩子的想法、意愿，给予孩子充分发展的自由和空间，让孩子的才能得以完美展现。作为家长，我们应该怎么做？

下面和大家分享营造宽松家庭环境的四种方法：

（1）给孩子充分的玩耍时间。中国古人讲："文武之道，一张一弛。"西方谚语说："只学习不玩耍，聪明孩子也变傻。"会玩的孩子才会学。

（2）给孩子充分表达的权利，让孩子敢于、乐于和父母交流。孩子不论年龄大小，都有向父母表达自己想法、意见的权利。父母要善于倾听孩子的心声，真正俯下身来做孩子的倾听者，与孩子保持良好的沟通。

（3）孩子做错事时家长不要不分青红皂白地讽刺、打骂。错误是孩子成长路上的必修课。孩子犯了错误，家长首先要了解清楚情况，然后根据具体情况采取适当的方法处理。家长要给孩子留出犯错的空间，尊重孩子，理解孩子，及时引导、纠正孩子。

(4) 鼓励孩子走出家门，亲近大自然。大自然是全人类的老师，经常带孩子接近自然，不仅可以提升孩子的审美情趣，还能陶冶孩子的自然情操，涵养孩子的性情品格。

6. 多一些爱与陪伴

父母在孩子成年之前或工作之前，要把更多的时间、精力、财力向孩子倾斜。当然，这并不是说凡事毫无节制地满足孩子，而是说要让这些资源更好地服务于孩子的成长。

在孩子成人之前，父母以孩子为中心，多给予孩子爱和关怀，给予孩子情感的满足，则孩子在长大之后，自然会时刻牵挂父母的冷暖，把父母记心间，孝敬父母，尊重父母。世界上投资回报率最高的就是亲子关系，良好的亲子关系也是家庭关系良好、家庭幸福的重要体现。

三、要与孩子做朋友，不要以家长自居

1. 父母之患，在好以家长自居

孟子讲："人之患，在好为人师。"这一现象具体在父母身上则表现为：父母之患，在好以家长自居。

在小女儿的学业上，我就因为自己的"好以家长自居"留下了一些遗憾。2004 年，她上初中三年级，学习成绩特别好，我便突发奇想让她跳级，提前一年考了高中。虽然她也以优异的成绩被一所重点高中录取，但她内心深处是不情愿的，可又不敢违背我的意思，一直委屈着自己。结果，我拔苗助长的做法给她造成了莫大的心理伤害，致使她高中阶段一直情绪不稳定，最终没能

考上理想的大学，她的命运也由此改变。如今，每每想起这件事，我就追悔莫及，觉得愧对她。

所以，在孩子面前，我们虽然是家长，是成年人，拥有更多的人生经历，但不要有一种自然的优越感。人无完人，我们大人也有缺点和不足。如果我们盲目认为自己相对于孩子就是权威，凡事都要求孩子按我们的方式去做，无形中难免形成对孩子的控制，压制孩子的成长。

2. 父母也有不如孩子的时候

作为父母，我们应该勇于承认，自己也有不如孩子的时候。比如，有的孩子记忆力超群，四五岁就能掌握大量词汇；有的孩子从小就在音乐或美术方面表现出特殊的才能；等等。小孩子的模仿能力强，学习能力、接受新事物的能力远在大人之上。

另外，孩子的快乐能力也要比大人强。所谓的快乐能力，是指面对不如意的事情能够很快地从中抽出身来，将注意力投放到能够让自己快乐的事情上去，并全身心地享受这一过程。这一点，我们远不如孩子。面对烦恼，我们总是抱怨、不满，久久不能平复自己的心情。孩子能够随时转移自己的注意力，不纠缠过去的烦心事，甚至上一秒才发生了让他苦恼的事，只要出现让自己高兴的事情，下一秒破涕为笑也是常有的。这种能力不正是大人缺乏的吗？

3. 理性看待老一辈的养育经验

家长要有自知之明，不要以家长自居。在家庭内部成员之间，父母千万不要认为孩子是自己所生，自己的孩子自己爱，而对爷爷奶奶、姥姥姥爷的建议充耳不闻。

年轻人，初为人父为人母，切忌感觉自己接受过现代高等教育，认为今时不同往日，自己的父辈们的养育方式、教育方式都已过时，一意孤行地照抄所谓“科学”的教养方式，到头来不仅家庭内部关系没处理好，孩子也可能因为父母的“科学”养育而“水土不服”。要知道，父辈们继承了大量传统的育子、教养方式，相比于年轻的父母，他们或许讲不出大段的养育理论，但实践经验更丰富。对于老一辈的养育经验，年轻父母要善于借鉴合理的，摒弃不好的，而不应一味地弃如敝屣。

4. 别人家的孩子，别人家的父母

父母在教育孩子的时候，总喜欢拿别人家的孩子同自己的孩子相比较，意图通过这种方式激励自己的孩子向别人看齐。可是，作为父母，你在拿自家孩子同别人家的孩子相比较的同时，有没有将自己同别人家的父母比较一番？

作为家长，不能总要求孩子进步，却自我放纵。

有的父母，自身学历不高、学问不大、不思进取，却要求孩子名列前茅，考重点学校。这样只会给孩子增加思想负担，实际效果并不会太好。孟子讲：“所求于人者重，而所以自任者轻。”意思是要求别人的很重，自己负担的却很轻。这是为人处世的大忌，也是家长教育孩子的大忌。作为父母，要以身示范，量力而行，正确地看待孩子。

5. 家长好好学习，子女天天向上

家长要时常自我剖析，自我反思，发扬优点，克服缺点，努力给孩子提供好的影响。

一个人性格的形成，受先天遗传和后天教育的双重影响。先天因素无法控制，我们能做的就是通过后天教育来改良。而对父

母自身的教育与对孩子的教育相辅相成，父母只有努力克服缺点、提升自己，才能更好地教育孩子。正所谓“家长好好学习，子女天天向上”。

家长怎样好好学习呢？最简单的方法就是读书，坚持多读书，读好书。读书能够修身养性，是提升自我综合素质的最好办法。另外，孩子看到父母在读书，慢慢地，他也会拿起书本，爱上阅读。读书，应该成为所有家庭的一道亮丽风景。

四、要发现、尊重孩子的兴趣，不要抑制、扼杀

1. 关于孩子兴趣的三个误区

孩子是父母生的，父母自认为很了解孩子，但对于孩子真正的兴趣所在，并非所有的父母都能发现。

在对待孩子的兴趣方面，许多父母存在这样的问题：一是自认为了解孩子，不屑于花时间思考孩子真正的兴趣是什么；二是对孩子的兴趣认识有误区，把自己的兴趣强加给孩子；三是错把别人家孩子的兴趣当成自家孩子的兴趣。

父母应该如何避免这些误区呢？分享给大家一条最简单的办法：对于孩子的兴趣，家长要善于发现、尊重，不要盲目地贪多、攀比，更不要抑制、扼杀。

2. 发现、保护孩子的兴趣

《孟子》：“物之不齐，物之情也。”意思是，天下的事物都有各自的特性，并不会完全一样。这句话同样适用于孩子。每个孩子都有自己的天赋、特质和兴趣，家长只有准确、充分地了解孩子的兴趣，才能选择良好的方法对子女进行有的放矢的教育。

现在社会上的各种兴趣班很多，有的家长一到周末就把孩子的兴趣班安排得满满的，上午钢琴，下午舞蹈，晚上还要再“加餐”。作为家长，你当真发现自己孩子的兴趣所在了吗？孟子说，“道在迩而求诸远，事在易而求诸难”，意思是方法在近处你却往远处求，事情本来很容易，你却往难里做。在孩子兴趣的培养上，同样适用这一道理。孩子喜欢唱歌，你偏让她按照你的意思去学画画，这不是舍近求远，把事情往难里做吗？父母不应该拿自己的兴趣爱好来要求孩子，而应该善于发现并尊重孩子的兴趣。

3. 引导、培养孩子的兴趣

孩子的兴趣需要父母引导、培养。比如阅读，如何让阅读成为孩子的兴趣呢？家长首先得让孩子养成阅读的习惯，爱上阅读。

我的一个朋友，有读书的习惯，每天晚上睡觉前都要看半个小时甚至一个小时的书，否则睡不着。他的孩子出生后，便一直跟着他，见他看书，也逐渐养成了读书的兴趣。孩子后来上学了，语文特别好，初中、高中时写的作文经常被评为范文。这位父亲以身示范，引导、培养了孩子的阅读兴趣。现在很多父母自身没有阅读的习惯，却想教出爱好读书的孩子，是很难的。

作为家长，要引导、培养孩子的兴趣，就要先引导孩子养成一种习惯，然后慢慢爱上这件事，如此坚持，才能形成兴趣爱好，并最终受益。

4. 尊重、支持孩子的兴趣

兴趣是行动的最大驱动力。作为家长，对于孩子感兴趣的事、决定要做的事，只要不是坏事，最好的办法就是同意。比如兴趣班，孩子如果喜欢唱歌，那就同意他学唱歌；如果他想踢足球，那就让他踢足球。有的家长顾虑，怕自己同意了孩子的选择，但孩子做不好；也有的家长担心，小孩兴趣多变，今天想学这个，明天想学那个，结果到最后什么都没学好。其实，家长的担心大可不必，所谓的尊重、支持孩子的兴趣并不是说对孩子放任自流。

家长要换个思路考虑孩子的兴趣选择问题。孩子还小，很难一下子做出正确、理性的选择，家长要多给孩子几次选择的机会，孩子才能在实践中认识、了解自己。同时，家长要告诉孩子，重新选择的机会是有限的，在享受权利的同时，也要承担责任，引导孩子慎重地做出选择。对于孩子理性、正确的选择，父母则应该尊重、支持。

五、要以表扬为主，但不是不要规矩

1. 表扬可以激发潜能

人类最殷切的渴求是被肯定。好孩子都是表扬出来的，表扬能使孩子增强自尊心、自信心，给他成长的力量。

有研究证明，一个经常得不到表扬的人，潜能只能开发到20%~30%；一旦得到表扬激励，潜能可能会开发到70%~80%。也就是说，经常得到表扬和激励的孩子，智力、思维开发得更好。

比如，乒乓球国手邓亚萍，她喜欢打乒乓球，但身材矮小，大家都不看好她。她的父亲却坚持对她说：“你很优秀，真的。”

无论在平时的训练还是在比赛中，只要邓亚萍出现情绪的波动和自我怀疑，她的父亲就会对她说“你很优秀，真的”这句话。正是父亲的鼓励，让她逐渐树立自信，并赢得了奥运冠军。

著名的教育家陶行知有一套“四颗糖”的教育方法：第一颗糖奖励犯错学生准时来到他的办公室接受批评教育；第二颗糖奖励学生听从劝告，懂得尊重他人；第三颗糖奖励学生有正义感；最后一颗糖奖励犯错学生能正确认识到自己的错误，知错就改 。“四颗糖”的教育方法，践行的正是鼓励教育，在恰当的引导和表扬中，让孩子认识到自己的错误，这比批评更奏效、更深刻。

所以，作为家长，要多表扬、鼓励孩子，给他自尊、自信。

2. 表扬要及时、具体

家长表扬孩子要就事论事，不要笼统地表扬。所谓笼统地表扬，就是“你真能”“你真有本事”之类空洞的话。这样的话就像垃圾食品，入耳很好听，但毫无营养，还容易让孩子骄傲。

怎样才是具体的表扬？比如，“这件事你很努力”“这个做法很有创意”“你和小伙伴合作得很好”，等等。孩子哪一方面做得好就表扬哪一方面，这样表扬有利于孩子发现自己的优点，从而进一步发扬。这样的表扬才是科学的。

表扬要以口头表扬为主，慎用、少用物质刺激。有的家长明码标价，孩子扫一次地给多少钱，刷一次碗给多少钱。这种方法不可取，作为家里的一名成员，做家务是孩子的分内事，无需物质的奖励。

懂得并善于适时、恰当地表扬孩子，是每一位父母都应该具备的基本能力。

3. 要表扬，也要讲规矩

以表扬为主，并不是不严格要求，更不是不立规矩。比如，有的家长和孩子玩骑大马的游戏，孩子骑在老人身上，把爷爷奶奶当牛马。这样的游戏不符合尊老的传统文化，不能玩。

《列女传》记载：孟子小时候，有一次逃学回家，母亲正在织布，就问孟子："学习怎么样了？"孟子回答："还和往常一样。"孟母一听，用刀割断了正在织的布。孟子惊恐不已，问母亲为什么这样做。孟母说："你荒废学业，就如同我割断这布一样。君子学习是为了立名，多问才能知识广博，这样居住才能安宁，行动才能避害。现在你荒废学业，将来免不了被奴役，也不能远离祸患。这就像靠织布讨生活，半途而废，怎么能使自己的丈夫孩子有衣服穿，有饭吃呢！女子荒废了她讨生活的技艺，男子懒于修养自己的品德，他们最终不是成为强盗，就是沦为奴仆。"孟子害怕了，从此每天勤奋学习，从学于子思门下，后来成为名扬天下的大儒。

这个故事告诉我们，家长教育孩子，立规矩要趁早，不能溺爱孩子、任由孩子任性妄为。

对孩子的教育，从小就要立下规矩。孟子曾说："不以规矩，不能成方圆。""规矩"本来的意思是指木匠用的圆规和直尺，木匠做木工，不用圆规和直尺就画不出圆和方。人也一样，不用规矩约束，就难以成才。那么，怎样培养孩子的规矩意识？可以从日常生活做起，生活即教育。比如，吃饭时，要老人先动筷子孩子再动，有好吃的东西要先让老人品尝；对孩子无理过分的要求果断说不，通过拒绝让孩子明白，生活中处处有规矩，必须遵守规矩，按规矩做事。

高尔基说："爱孩子，这是母鸡也会的事，可是要善于教育他们……这需要才能和渊博的生活知识。"爱孩子是父母的天性，但只知宠爱、表扬而不知批评、教育，就不是爱孩子，而是害孩子。真正的父母之爱，是爱与教的合一，这需要父母的智慧。

六、要以和为贵，不要粗暴打骂

1. 家庭贵在轻松、和谐

尚中贵和，崇尚和谐，以中庸的处世方法追求和谐是中华优秀传统文化的重要内容。2008 年北京奥运会开幕式上，演员们齐声朗诵《论语》，其中就有"礼之用，和为贵"；在活字印刷术的表演上，更是突出了一个大大的"和"字。可以说，尚中和已成为我们中国人为人处世的方式。"家和万事兴"，家和已经成为家庭兴旺的必要条件。因此，在家庭教育中，家长必须坚持身体力行，教育优先，与子女和谐相处。家庭中没有暴力与冲突，应成为家庭建设的基本准则。

家是我们的港湾，是我们无论得意或失意都可以随时回去的地方。家对我们来说，应该是一个最令人放松、最有人情味的地方。有一个小故事，说明了家的重要意义。有位老师在课堂上对小朋友描述了地狱有多恐怖之后，问谁想去地狱，小朋友全都摇头；然后，老师又向小朋友描述了天堂是如何美好，接着问谁想去天堂，这时候，小朋友们纷纷举手，但有一位小朋友没有举手。老师觉得很奇怪，便问没有举手的小朋友："天堂这么好，你为什么不想去呢?”小朋友说：“妈妈说放学了就回家，哪里都不要去。”外面的风景再好，也没有家的感觉。

家是港湾，是讲情的地方。作为家庭中的成员，尤其是父母，要注重家庭建设，为孩子的成长营造轻松、自由、和谐的家庭氛围。

2. 暴力不能解决问题

教育和法律界曾联合做过一项调查，调查结果显示：在中国家庭中，打骂孩子的现象十分普遍，有 2/3 的儿童挨过打。其中，3.6%的孩子在家里“经常”挨打，57.3%的孩子“偶尔”挨打，“从未”挨过打的只占 39.1%。另外，有 15%的孩子在家里“经常”挨骂，69%的孩子“偶尔”挨骂，表示“从未”挨过骂的只有 16%。被调查的高中生和大学生中，也有近 2/3 的人在上小学和初中时被父母打过，有 30%的人因为被体罚而导致精神忧郁。

在家庭教育中，打骂是不对的。当孩子做错事时，要以讲理的方式进行引导、指正，绝不能诉诸暴力。动用暴力，非但无助于孩子的成长，还会造成孩子的心理伤害。

现在，许多父母意识到打骂式教育不对，但遇到孩子不听话，不知道该如何解决，于是盛怒之下便举起了手、张开了嘴。

粗暴的教育方式，一方面说明家长缺乏教育耐心，另一方面也反映了家长的教育无能。著名童话作家郑渊洁在《父与子》一书中说：“打骂孩子的爸爸都不是男子汉，是懦夫……不管孩子是什么，他都爱孩子。孩子是你生的，如果你不满意，就打自己。”

3. 暴力可能酿成悲剧

诉诸暴力并不能解决问题，还极有可能适得其反，甚至酿成悲剧。中央电视台《等着我》栏目讲了这样一个故事：某大学一对夫妇，已经 80 多岁。夫妻俩上节目是为了寻找他们的儿子。儿子大学毕业后 23 年没有回家，连一个电话都没打过。为什么？因为，父亲当年望子成龙，教育不当。孩子上初中时，有一次父亲检查作业，看孩子的字写得不好，当着邻居的面让他下跪，并使劲抽他嘴巴。孩子上大学时，他通过同学对孩子的一言一行进行监控。孩子实在受不了这种教育方式，便选择离家出走，23 年不回家。节目播出时，栏目组已经找到了儿子，儿子也看了父亲给自己道歉的录像，但还是表示不愿意回家，他在精神上受到严重的创伤，无法从小时候被打的阴影中走出来。

家长在公开场合谩骂、侮辱、殴打孩子，实际上是对孩子自尊的极大摧残，根本没把孩子当成一个有人格、有尊严的人。教育孩子，首先要尊重孩子，理解孩子，不要让教育成为伤害。

七、要重视挫折教育，不要“温室栽培”

1. 不吃苦，难成才

孟子说：“天将降大任于是人也，必先苦其心志，劳其筋骨，饿其体肤，空乏其身，行拂乱其所为，所以动心忍性，曾益其所不能。”这句话的意思是，上天要让某人承担重任，一定要先使他心意苦恼、筋骨劳累，让他忍饥挨饿、身体空虚乏力，使他的每一行动都不如意，这样来激励他的心志，使他性情坚忍，增加他所不具备的能力。概括来说就是，苦难是最好的大学，一个人要有所成就，有所作为，就得经受挫折磨难。

可反观当下，家长对孩子的教育，尤其是对挫折教育的认识水平、重视程度还有待提高。有的父母总怕孩子吃苦受罪，对孩子百般呵护，凡事包办代替，溺爱至极。其实，这种做法剥夺了孩子成长的权利，是不对的。

教育孩子的目标是把孩子培养成人。孩子真正长大成人，挫折是不可或缺的经历。现在有的孩子特别脆弱，缺少面对困难、战胜困难的勇气与能力。有的孩子脆弱到连老师、父母的一句批评都受不了，甚至做出极端的事。孩子的这些问题，归根结底是父母不重视孩子的挫折教育造成的。

现在虽然生活条件好了，但是作为父母，不能因为家中富裕，就对孩子有求必应。父母要懂得如何是真正的爱孩子，让孩子多受一些挫折教育，会更加有利于孩子的成长。

2. 挫折教育要注重孩子能力的培养

在挫折教育过程中，首先要注意孩子能力的培养。什么叫能力？遇到困难，有解决的办法就是能力。并且这里说的能力不是看你得到了什么，而是看你在失去什么时能不能承受。

在日本有句教育名言：除了阳光和空气是大自然赐予，其他一切都要通过劳动获得。美国南部有一所中学规定：学生毕业，必须不带分文，独立谋生一周，才发给毕业证。这些强调的都是个人的生存能力。父母应该告诉孩子，困难和挫折是财富，是展示自己才华的机会。不经历风雨，又如何能见彩虹呢？

3. 挫折教育要注重孩子胆量的培养

孟子讲："自反而缩，虽千万人，吾往矣。"就是说，反躬自问，如果正义在我这里，即便面对千军万马，我也勇往直前。父母要注重培养孩子的胆量，尤其是父亲。父亲多陪伴孩子，能给孩子"补钙"，使男孩子增加阳刚之气，女孩子巾帼不让须眉，有足够的胆量面对生活的磨难。

电视剧《亮剑》的主人公李云龙打仗很厉害，主要有两个原因：一是他聪明，有谋略；二是他胆大，别人不敢打的，他敢打，"狭路相逢勇者胜"，这就是胆量。

2018 年 2 月 11 日，中央电视台播出的《欢乐中国人》栏目，介绍了一个叫六一的小姑娘和爸爸骑行环游中国的故事。他们从唐山出发，骑着自行车到了海南、西藏、新疆、内蒙古和东北地区。这期间，他们遇到了很多困难和挫折，也遭受了许多人的冷嘲热讽，但小姑娘从来没有喊过累。她说："出发了就没有回头路。爸爸也讲过一定要坚持骑行走遍中国，我也要做中国最勇敢的小朋友。"就这样，他们用 761 天环游中国，大自然成了六一的小伙伴，艰难成了六一的老师，六一也从一个"小公主"变成了"小虎妞"。

并不是所有家长都能理解并接受六一爸爸的教育方式，但他的教育精神值得我们学习：让孩子在挫折中成长，在困难中接受洗礼，最终成为一个小虎娃，身体健康，意志坚强。

4. 配合学校进行挫折教育

学校是教育孩子的重要场所，家长要配合学校进行挫折教育。现在很多学校、老师不愿意组织学生参加一些户外活动，甚至连一些对抗性的体育课也不上。为什么？因为老师担心学生的安危，怕学生出事。只是担心得过了头，畏首畏尾，什么也不敢做了。

家长应该相信学校、老师，给学校和老师充分的信任和自由培养孩子的能力与胆量。比如说踢足球，只要做好安全防护措施，它就没有什么可怕的。孩子远比我们想象的坚强，反而是家长的过分呵护使他们看上去不堪一击。家长应该鼓励孩子适当地参加一些竞争性、对抗性的户外活动和体育活动，让孩子得到锻炼。

在孩子的管教上，必须解决“家长舍不得管，老师不敢管”的问题。只有家长信任学校、老师，让老师大胆地管教孩子，孩子才能快速、稳步成长。

八、要培养孩子的发散思维，不要让其思维固化

1. 规则是死的，人是活的

我们表扬孩子，习惯说这孩子聪明、有想法。聪明、有想法的孩子和其他孩子最大的区别是什么？应该就是思维方式不一样。同样一件事，别的孩子这样想，而他偏那样想。思想决定思路，思路决定出路。金钱能买很多东西，但买不来思想。如果我们从小就培养孩子良好的心态、良好的思维方式，那么当孩子遇到问题的时候，就会分析这些问题的本质，以正确的态度、好的思路去寻找解决问题的办法。

《孟子·离娄上》记载了齐国一个叫淳于髡的辩士和孟子之间的对话：

淳于髡问孟子：“男女授受不亲，是不是礼的规定？”

孟子说：“那当然是礼的规定了。”

淳于髡又问孟子：“嫂子掉到河里怎么办？是救还是不救？”

孟子说：“嫂子掉到河里，要不救那就是豺狼，就不是人。男女授受不亲，那是礼；嫂子落水，施以援手，那是权。”

封建社会，男女授受不亲，异性之间轻易不能有身体接触。但在嫂子落水这种特殊的场合，就不能再讲男女授受不亲了，不能因为礼的束缚而牺牲人的生命。所以，规则是死的，人是活的，要根据实际情况变通，灵活对待。

2. 不同的思维方式导致不同的事情走向

有一个故事，说的是两位老太太买房子。其中一位老太太自从有了买房子的想法之后就开始攒钱，一直到临死才攒够了买房子的钱。另一位老太太则选择了贷款买房，从一开始就住进了新房子，享受新房子带来的舒适便利，去世之前贷款也还清了。毫无疑问，第二位老太太更聪明。由此可见，思维方式是可以决定人生走向、影响幸福指数的。

还有一个故事说，一家鞋厂的两个销售员共同到一个海岛上开发市场。然而，这个岛上的人从来都不穿鞋。其中一个销售员回来后告诉厂长：岛上的人不穿鞋，所以不用开发。另一个销售员则把岛上的人组织起来，向他们讲解穿鞋的好处，结果岛上的人都买了鞋。于是，这个海岛就成了一个很大的市场，鞋厂和销售员本人都得到了不少的利益。这就是不同的思维方式所导致的不同结果。

实际上，大部分人的思维方式都是一种顺向思维。比如我们说的“不到黄河不死心”“不撞南墙不回头”，都是一种顺向的思维。好的思维应该是，在已经明确这条路走到底不会有什么好结果的时候，就及时回头，再想别的途径。孟子讲“知命者不立乎岩墙之下”，就是说，懂得命运的人，是不会站在有倒塌危险的墙壁之下的。孟子这里所说的命运，并不是迷信的命运，而是一种对未来结果的预判。你如果已经预料到撞了南墙会碰得头破血流，就不要撞了。以此类推，你明知道那条路的结果不好，会付出沉痛的代价，就不要固执，不要一意孤行。

3. 发散思维，创造无限可能

19 世纪中叶，美国加利福尼亚州发现金矿，于是一下子涌进了非常多的淘金者。随着淘金人越来越多，金子变得越来越难淘，淘金周期也变得越来越长。然而，加利福尼亚的气候炎热干燥，水源极缺，不少人因为缺水而死。这时，一个 17 岁的淘金男孩亚默尔灵机一动，断然放弃了淘金，改去卖水。他的这一行动引起了不少人的不解与嘲笑。当许多的淘金者空手而归时，亚默尔却凭借卖水成了一个小富翁。

“条条大路通罗马”，我们要培养孩子发散的、多角度的思维方式。怎么培养？我觉得重要的是保护孩子的想象力，鼓励孩子的奇思妙想。孩子的想法即便幼稚、不切实际，家长也不要轻易贬低或打击他。实际上，很多时候我们不怕做不到，就怕想不到。毕淑敏有一篇短篇小说叫《儿子的创意》，讲的就是儿子在妈妈的嘲讽、挖苦中，仍旧不断发挥自己的想象力，最后获得创意银奖的故事。它非常具有启发意义，有兴趣的家长朋友们可以读一读。

在孩子的学习和生活中，家长应该多用启发式教育，而不是一手包办，代替孩子思考；多用“你想想”“你觉得呢”等语言，鼓励孩子多动脑筋，放飞思想，实现梦想。就像中央电视台推出的《挑战不可能》栏目，只要敢想敢拼搏，一切皆有可能。

九、要重视孩子的精神健康，不要只注重物质

1. 关注孩子的精神健康，刻不容缓

丰富的物质财富可以满足人们的生活需求，但过度的物质享受不仅不利于人的身体健康，也对人的精神、道德健康不利。我们的物质生活水平比以前有了显著提高，但精神、心理方面的问题越来越多。在这种情况下，仍有许多家庭将注意力集中在孩子的吃、穿、用上，对孩子的精神、心理健康缺乏关注。

2005 年 12 月，“新华网”有一篇报道称，北京师范大学心理学院对北京、河南、重庆、浙江、新疆 5 个地区的 16472 名中小学生进行了一次心理调查。调查的结果是：小学生有异常心理问题倾向的比例为 16. 4%，有严重心理行为问题的比例为 4. 2%；初中生有异常心理行为问题的比例为 14. 2%，有严重心理行为问题的比例为 2. 9%；高中生有异常心理问题倾向的比例为 14. 8%，有严重心理行为问题的比例为 2. 5%。现在从幼儿园、小学、中学到大学，各阶段都有学生存在不同程度的心理问题。

这个问题是很严重的，轻则影响孩子的学习生活，重则影响孩子的生命。2017 年春节过后，东北某城市一名 17 岁的高中生，因为一次测试成绩不理想，在她妈妈做饭的时候，直接从 17 楼跳了下去，结束了自己的生命。这是多么令人心痛的事情！孩子长期的精神压力得不到排解，最终一次失利的考试成了“压垮骆

驼的最后一根稻草”。心理问题不仅影响孩子本身，对整个家庭也是一种破坏。所以说，在物质条件已经能够满足孩子基本生活需求的情况下，关注孩子的精神健康比关注他的物质生活更为重要。

2. 孩子的精神问题，父母是第一责任人

孩子的心理、精神如果出了问题，多半是因为学习、生活中的一些经历对他产生了刺激、伤害，而造成这种刺激、伤害的第一责任人就是父母。父母平时不在意孩子的感受，一味地认为只要为孩子好，孩子就应该服从，不管孩子高不高兴、答不答应、满不满意，都强行把自己的理念灌输给孩子。在长期的服从中，孩子逐渐不敢也不想把心里的真实想法说给父母听。没有诉说的对象，没有发泄的地方，长时间的苦闷、压抑很可能会给孩子的心理或精神带来不良影响。这是造成孩子心理障碍的主要原因。

现在孩子的精神问题越来越多，这跟中国的家庭结构有一定的关系。首先是独生子女比较多。有文章对全国无兄弟姐妹人口总量进行了估计，至 2020 年，约有 2 亿人口缺少兄弟姐妹的陪伴。家庭内部没有同龄人的交流是不利于孩子的教育和成长的。其次是留守儿童比较多。我国目前有 6000 多万留守儿童，缺乏父母的陪伴，孩子的精神世界必然有所缺憾。另外就是离婚率比较高。据统计，我国 2014 年一年有 363.7 万对办理离婚手续的夫妇。父母离异给孩子带来的精神问题若得不到正确、及时的疏导，可能会影响孩子的一生。孩子从上学到工作后的人际交往、结婚生子等，都可能走不出童年的阴影。

3. 有心理问题，注意正确疏导

目前，我们国家在心理咨询方面还不具备一种好的人文环境，心理医生也很少，大家对看心理医生还存有偏见。在国外，看心理医生就像看发烧感冒一样，很正常。情绪不好，需要疏解，找心理医生是最直接有效的办法。在我们这里，情况却有些不同。如果带孩子去看心理医生，别人肯定认为这孩子有精神问题，甚至直接夸张成精神病。实际上根本不是这么回事。每个人都有情绪低落的时候，成年人在情绪低落的时候会找好朋友聊一聊、喝几杯，或者打球、爬山，这些都是疏解情绪的好办法。但是在孩子还小、没有这个意识的时候，家长应该多关注孩子，及时发现孩子的问题，及时干预、治疗。

十、家长们要形成合力，不要各自为战

1. 家庭内部统一意见

现代社会，一个孩子往往有多位家长照看，除了父母，还有爷爷奶奶、姥姥姥爷等。由于年轻一辈的父母和年长一辈的祖父母之间在孩子的生活、教育理念上存在分歧，加之“隔辈亲”，所以父母在批评、教育孩子的时候，祖父母往往会偏向孩子，进而批评孩子的父母。这种家庭内部意见的不统一会给孩子带来疑惑：到底该听谁的？

遇到这种情况怎么办？家庭内部成员先开一个家庭会议，成立一个“家长教育委员会”，选一个“主任”，定期召开教育孩子的思想交流会，形成统一的意见，再来教育孩子。

总之，在孩子的教育问题上，家长们要团结一致，统一思想，

形成教育的合力，而不能一盘散沙，各持己见，让孩子不知所措。

2. 夫妻双方步调一致

在孩子的教育问题上，首先夫妻双方的教育意见要一致。父母对子女的要求不一致，是家庭教育中的大忌。这方面我也有过教训和体会。大女儿上小学的时候，有一次作业没有完成，妻子当着我和女儿姥姥的面，很严厉地训斥女儿，情绪一激动，就动手打了女儿。这时女儿哭了。听到女儿的哭声，我就用力推了妻子一把，妻子因此摔在了地上。现在反思一下，妻子打女儿确实不对，但我当着孩子的面推搡妻子更是错上加错。最好的处理方式应该是劝阻妻子打孩子，同时指出孩子的错误，教育孩子做作业的时候要认真，做完要仔细检查。这才是科学、正确的教育方法。

古人认为："人子之情，畏父亲母，又父远母近。"孩子往往畏惧父亲，而亲近母亲。如果父亲严教，母亲偏袒子女，就会养成孩子"阳从父训而阴奉母言"的现象，而"子之不肖，多由于此"。

在教子问题上，父母的意见统一是一条必须坚持的重要原则。孩子都有一种本能的自我保护心理，常常利用父母对自己的亲疏远近的不同，寻找有利于自己的庇护。假如父母的意见不一致，就极易强化孩子的这种自我保护心理，从而使孩子有恃无恐，同时又使得父母在孩子心中的权威性大打折扣。

3. 家庭、学校、社会形成合力

在家主要学做人，在校主要学知识，在社会主要练本事。在孩子的教育问题上，家长、学校和社会也要形成教育的合力。只有这个大的合力是向着正能量方面前进的，孩子的成长才会有一个真正意义上的良好环境。

家庭是孩子的第一所学校，家长是孩子的第一任老师，特别是在孩子好习惯的养成、好品格的形成方面，家庭教育是处于主导地位的。学校作为教书育人的专门机构、固定场所，在立德树人的同时，应当重点培养孩子的学习习惯，教育孩子更多更好地掌握文化知识。社会是孩子经受磨炼、展示才华、成就自我的广阔舞台，是孩子人生的主战场，政府应承担起为孩子的健康成长创造良好社会环境的主要责任。

在打造教育的合力上，家长应当主动通过参加家长会等方式，多与老师、学校沟通，及时了解、掌握孩子在学校的表现，以便增强家庭教育的针对性，及时遏制孩子的不良行为习惯。学校老师除了在课程知识传授上下功夫，也应及时同家长沟通、交流，关注了解孩子在家庭中的学习等多方面的表现，以便因人施教，提高教育质量。家长和老师还要指导孩子进行社会实践活动，让孩子多接触正能量的人和事，增强明辨是非的能力，自觉抵制、远离社会上不好的东西；从小就培养孩子做好人好事的习惯，为社会贡献力量的同时，又能从实践中汲取成长的养分和力量。

如果家庭、学校、社会三方面的人都是良师益友，就等于给孩子的成长编织了一张安全可靠的文明网。生长在这样一种氛围下，孩子的良知良能不会遭到遮蔽，也就一定会健康成长，一定会成人，一定会成才。

从书本走向人生

袁汝旭

“从书本走向人生”，顾名思义，就是从书本走向实践，从校园走向社会。如果孩子仅仅会读书、会考高分，成了一个书呆子，没有生活能力，他们是很难在社会上立足的。全国政协委员、江苏省锡山高级中学校长唐江澎曾针对什么是好的教育发表过精彩演说：“学生没有分数，就过不了今天的高考，但孩子只有分数，恐怕也赢不了未来的大考。……分数是重要的，但分数不是教育的全部内容，更不是教育的根本目标。……好的教育，应该是培养终身运动者、责任担当者、问题解决者和优雅生活者，给孩子们健全而优秀的人格赢得未来的幸福，造福国家社会。”所以，除了书本知识的学习，孩子们还有很多要学习的内容。成绩固然重要，但也不能忽视对孩子其他方面能力的培养，我们培养孩子的终极目标是要把他们培养成德智体美劳全面发展的人。

我的女儿，2017 年国内医科大学毕业，考取了美国的生化专业研究生，毕业后继续攻读博士学位。作为家长，我们在孩子学习方面从来没有要求她一定要考前三名，只是从小培养她养成良好的学习习惯，因此，她学习上一直很轻松。

她一个女孩子独自在国外求学多年，生活上表现出了超强的独立性。我给她总结了一段顺口溜：安窗帘修电器，装橱柜换卫具，炒小鸡炖小鱼，做西餐组 party，样样都行。现在作为导师助理，实验室的事务性工作都由她负责。

我觉得她具备这些能力，跟我们对她从小的锻炼和培养还是有关系的。当然，每个孩子都有不同的发展特点，但是经验告诉我：从小注重孩子能力的培养，让孩子全面发展，孩子越长大，父母越省心，也越放心。

那么，归结起来要培养孩子哪些方面的能力？如何培养？

一、健康生活的能力

健康的生活是孩子成长和发展的基础。但就目前来看，在普遍重视智育的情况下，生活能力的培养往往会被家长们所忽视。

1. 生活自理

《曾国藩家书》是不少家长的必读书目，被人称为“一部极好的家庭教育的教科书”。作为一代名臣，曾国藩是大政治家、大学者，同时还是一位优秀家长。他曾说过这样的话：要判断一个家庭能否兴盛，只需要看这家的子孙能否坚持做到这三点：早起，做家务，读书。早起和做家务就是最基本的自理能力，曾国藩把它们排在读书之前，可见自理能力是多么重要。

一说自理能力，很多家长都会觉得这很简单，认为很多事孩子长大了自然就会做了。但现在孩子的生活自理能力普遍如何呢？晚起懒做不用功，读书没有吃饭中，电脑手机游戏厅，早恋耍酷把妈坑。还有的孩子，天冷不知穿秋裤，冻得感冒又难受，缩肩弓背鼻涕流，顾了脚丫不顾头。上大学离开家以后呢？不会缝补懒得洗，裤袜攒了一床底，寄回家里给妈咪，洗净晒干再快递。

女同志可以想一想，有没有这样的人生经历：谈恋爱的时候，你跟你男朋友说，你在娘家被宠得啥家务也不会干。对方可能会说："哎呀，没事，结婚后也不能让你丢了这待遇。"可是，婚后时间不长，公婆和你对象就开始各种嫌弃，甚至挤对你："哎哟，你还真行，也就两个'不会'。"哪两个？就是这个也不会那个也不会啊！再往后，就有可能因为和家务相关的琐事而争吵，使得原来的幸福感消失了很多，严重点的甚至还会走到离婚的地步。做父母的，谁都希望自己的孩子在工作上顺利、生活上幸福，而自理能力是这一切的基础，也是很重要的保障。所以，不管是男孩还是女孩，我们都要用心培养他们的自理能力。

具体该怎么做呢？著名教育家陈鹤琴给出了答案——"凡是儿童自己能做的，应当让他自己去做。"自己能处理自己的事，不是一句口号，孩子从小就得按这个思路来培养和教育。

孩子的自理从自律开始。什么叫自律？自律即自我约束，自我管理。

培养孩子的自律意识，需要父母给孩子设定恰当的规则，还要贯彻执行好。举个例子，我女儿上小学的时候，最初是我们先起来做好饭，然后喊她起床吃饭。有一次叫晚了，迟到了，她竟然对着我们大发脾气。后来，我就让她自己定好闹铃，自己管自己，闹铃响了，她要是不起，我们也不急着去催、去喊，让她自己承担迟到挨训的后果。经过两次以后，再也用不着我们喊她起床了。

如果孩子的行为有所改观，有了自律的表现，家长不要忘记及时地加以肯定、鼓励。

做家务也是培养孩子自理能力的一个重要途径。家长要给孩子明确他力所能及的家务活。要想培养孩子做家务的兴趣，家长一定要学会用正确的方式鼓励、激发孩子做家务的积极性和热情。怎么激发呢？比如，当他收拾干净自己的房间，摆放整齐个人物品之后，你得夸夸他，不妨说："真棒！你能自己收拾自己的房间了！"不要说"真棒！你能帮我做家务了"。这两种说法表达的信息是不一样的。还有这种情况，请家长注意：孩子想帮你干活，你却说："你现在最重要的任务是学习。"从此他会认为不做家务是理所当然的事情。其实，培养孩子的自理能力最简单有效的方法就是家长做给孩子看。孩子都有好奇心和学习的愿望，有些烦琐的个人事务往往需要家长认真地演示，耐心地指导，再让孩子尝试着独立做，让孩子在潜移默化中逐渐养成生活自理的习惯。

2. 身体健康

有句话说："身体是革命的本钱。"现在孩子们的身体素质很让人担忧，比如肥胖，再比如近视。有数据表明，全国中小学生近视人数超过一亿，而且呈现逐渐低龄化趋势。所以，孩子的健康问题不容忽视。

保证孩子身体健康，关键是要让孩子养成良好的饮食习惯，按时吃饭，不偏不挑。有的孩子会挑食，其实，孩子偶尔说不喜欢吃什么，家长不用太在意，不要去强化他的不喜欢，下次换一种烹饪方式再让他尝试。

说到身体健康，体育锻炼也是保持健康的重要途径。孩子正处在生长发育的重要时期，平时父母要给孩子安排一定的时间进行锻炼，可以踢踢球、做做操、跳跳绳，周末还可以带孩子到大自然中去奔跑、去游戏。

另外，父母要支持孩子参加学校组织的各项体育活动，哪怕孩子并不擅长，践行“重在参与”的体育精神也是不错的。

3. 心理健康

孩子的身体健康很重要，心理健康也不能忽视。我看过简·尼尔森的《正面管教》一书，书中就提道：“当你教育孩子时，如果感觉到痛苦，那一定是用错了方法。”这可能是我们对孩子的期望、批评、指责、失望、愤怒太多造成的。现在教育的第一使命，绝不再是只讲功成名就，而是要培养心理健康、适应能力强的孩子。父母教孩子学习保持健康的心态，对孩子的成长有着十分重要的作用。爱和快乐才是我们教育孩子的最终目的。

心理问题就像煮饺子，可能在幼儿园阶段就“下锅”了，但到高中、大学阶段才浮上来。如果父母一味强调孩子的学习成绩而忽略了对孩子健康心态的培养，孩子的心理一旦有了障碍，长大后也很难以良好的心态去适应复杂多变的社会，就可能成为一个废人。

孩子的阳光心态来自哪里呢？一方面来自基因遗传，天生性格使然；另一方面则是受父母和周围人的影响而后天形成的。

如何培养孩子的阳光心态呢？这就要求做父母的凡事应注重从正面引导教育孩子，让孩子多看生活中积极向上的事物。在生活中我们难免会遇到疲累、消极的时候，工作和生活的压力甚至会让我们感到很崩溃，但在孩子面前，应该少些抱怨，多展现自己努力上进的一面，让孩子从中感受到生活的美好。

还要培养孩子管理情绪、调节心情的能力。每个人都有心情不好的时候，这很正常，但不懂如何调节，不断积压坏情绪直至爆发，这是不好的。有些家长自己的情绪都管理不好，遇到孩子闹情绪的时候，家长也跟着崩溃，对着孩子又吼又叫。家长们能不能冷静下来想一想，崩溃吼叫能给孩子带来什么？当孩子有不良情绪的时候，恰恰是你教他调节情绪的最好时机！首先要与孩子共情，理解他为什么难过、焦虑或恐惧，并给予积极的回应；再寻求解决的方法，比如转移孩子的注意力，用幽默的方式去化解等，家长应该根据自己孩子的性格特点帮助他去调整不良心态。

孩子长大以后面对的是日新月异的多元化时代，没有那么多时间为已经发生的事情懊恼或追悔，能做的就是让那些不愉快的事情如过眼云烟瞬间飘逝，用积极的阳光的心态迅速驱除消极的阴霾，使自己始终生活在灿烂的阳光下，去迎接学习和工作的挑战，享受生活的美好，品味生命的过程和意义。

二、与人相处的能力

一个孩子无论拥有多么优异的才能，他最终都要成为社会的一分子。一个懂得与他人相处、拥有宽广心胸和合作精神的孩子，将来不管是在学习、工作还是生活上，都会更加顺利。与人相处的能力，从小、从家庭生活中就得开始培养。

1. 家庭中

孩子最初的人际交往对象就是自己的家人。他们会有意无意地把在家庭中受到的人际影响带到以后的学习、生活和工作之中。孩子最终成为什么样的人，主要取决于他从家长那里接受的教育陪伴和榜样示范。家庭生活中，关于孩子与家人相处，我总结了八个字——有规有矩、有商有量。

孟子说："不以规矩，不能成方圆。"一个家庭要想兴旺发达，就需要有规有矩。家庭没有规矩，孩子就没有原则。在家里要给孩子树立长辈意识，家长应有意识地引导孩子尊重、孝敬长辈。这些年随着独生子女的增多，基本上是好几个老人围着一个孩子转，备受娇宠的孩子成了家里的"小祖宗"。一些好的礼仪、规矩，如果家长不去有意识地推行，慢慢就被淡忘了。

比如，长辈给的东西，要用双手恭恭敬敬去接；遇见长辈，要主动打招呼；长辈交谈时不要随便插嘴；和长辈一起走路，要走在后面；对长辈要用尊称，不能直呼其名；吃饭的时候，要等长辈先动筷子。还有，吃饭不挑食、不浪费、不敲打碗筷，生活中不对着人打呵欠、打喷嚏、伸懒腰等，这些规矩都应该让孩子知道。

有商有量是指我们要学会尊重孩子，遇到事情别老是以高高在上的家长自居。沟通是门技术，也是门艺术。我们要与孩子平等地交流沟通才好。

想要教会孩子与家人相处，就得让他懂得感恩家人，尊重长辈。在不少家庭中，大家一起吃饭时，往往会把营养更丰富的食物先给孩子吃，时间久了，孩子会认为大人的这种关爱是理所应当的。不妨告诉孩子，大人也很享受来自他们的关心。当孩子表达对长辈的爱时，切忌一脸欣慰地拒绝。有的时候，家长还要学会向孩子示弱，自己感到疲惫或生病的时候，都是孩子照顾你爱护你的好机会。我们要学着乐于接受孩子每一次爱的表达。

家长做给孩子看，孩子有样学样，这就是我们常说的“上行下效”，是最好的教育。在家庭中，父母的言传身教是非常关键的。你怎么对待老人，你的孩子将来就会怎么对待你；善待今天的老人，就是善待未来的自己。

春秋时期有个叫孙元觉的，跟爷爷感情很深，但他的父亲是个不孝子，爷爷生病了，他父亲用筐子把爷爷背到山里扔了，孙元觉劝不住，灵机一动，说他要把筐子拿回家，并对他爹说：“等你老了我也用这个筐子把你背到山上扔了。”他父亲一听，警醒了，赶紧又把老人背回了家，从此以后便好好赡养老人了。

教育孩子尊老爱幼方面，孟子在两千多年前就说过：“老吾老以及人之老，幼吾幼以及人之幼。”按照这样的要求去教育孩子，孩子在家能够做到尊老爱幼，那他就会逐渐把对父母亲人的爱意顺延给周围的其他人，推己及人，相信下一代的道德品质一定会走向更高的台阶。

2. 学校里

孩子入学以后，大部分时间将在学校里度过，无论做什么都是跟老师、同学在一起，上课一起学，下课一起玩，有困难一起面对，因此，学会在学校里如何与人相处，其重要程度不亚于读书学习。

如何引导孩子与老师相处？首先要教会孩子尊敬老师。古人说过“一日为师，终身为父”，孔子去世后，不少学生为孔子守墓三年，子贡更是守了六年，可见他们对老师的尊重。虽然时代不同了，我们不可能也不需要做到古人那样，但是，在全世界范围内，任何一个国家和民族对老师这一职业都给予了很好的尊重。

作为家长，要为孩子做表率，要对老师给予应有的理解和尊重。如果听见孩子对老师处理问题的方式方法有意见，家长首先要接纳和疏解孩子的情绪，认真听孩子讲述事情的经过，然后具体分析老师做事的合理性，并教孩子换位思考，让孩子理解老师的做法。

其实，老师和家长就是同一个战壕的战友，都盼着孩子成才成人。老师并不是完美的化身，和寻常人一样，他们也有喜怒哀乐，大家想明白了，也就能减少对老师的误解和抵触了。古人说：亲其师，才会信其教；信其师，才会爱其教。作为家长，我们即便有时候对老师的工作不是那么认可，也绝不能当着孩子的面表达对老师的不满。孩子如果打心底里尊重、爱戴老师，就会产生更多的学习热情和能量，这对孩子的学习和其他各项能力的培养会有很大的帮助；而老师感受到学生对自己的信任时，就会激发出更多的责任感，更加尽职尽责地关心每一位孩子的成长。孩子只有发自内心地尊敬和信服老师，才会亲其师、信其教。

在学校里，孩子就要融入集体生活。虽说“集体意识”的培养主要靠老师，但家长也发挥着不小的作用，比如鼓励孩子积极参与班级事务和活动，时常肯定和表扬孩子在集体中发挥的作用等。有的家长认为当个班干部或者帮助同学，就是多管闲事、操闲心，还影响学习，这样的想法可就大错特错了。孩子融入集体，和同学们打成一片，找到自己在集体中的存在感和成就感，他会在班级中更快乐地学习和成长。孩子们在校园里过的是群体生活，他们习惯不同，性格迥异，相互间难免会发生一些摩擦或冲突，家长们也不必大惊小怪，没必要把小事扩大化、严重化、复杂化，甚至上升到成人之间的矛盾。作为家长，不要因为害怕自己的孩子吃亏，就扼杀孩子们单纯的友谊和快乐。孩子有没有受欺负，不应该由家长来判断，而应该交给孩子自己。但如果是遭遇校园欺凌，家长必须保护好自己的孩子。

家长都舍不得孩子吃亏，见不得孩子受委屈，但不可忽略的一点就是：对于孩子而言，每一次冲突，都是提升社交能力的好机会。处理人际关系时，不斤斤计较，不钻牛角尖，要心胸豁达，要学会原谅他人，要学会宽以待人。只有这样，孩子才会阳光、快乐地学习和生活。

谈及孩子与同学之间的交往，这也是一件让很多父母感到纠结的事情——既希望孩子广交朋友，又害怕孩子交到了不好的朋友而产生不良影响。朋友有好有坏，近朱者赤、近墨者黑的道理浅显易懂。家长只要在日常生活中给孩子树立正确的交友观，教孩子明辨是非，孩子就会择善而交。

3. 社会上

孩子到了社会上，应该如何与他人相处？孩子总有一天要走出家庭、学校，步入社会，想要孩子长大后能更好地融入社会，在孩子小时候，家长就要带孩子多接触不同的人，鼓励孩子大胆与成人沟通，敢于表达自己的想法，为孩子迈入社会打好基础。比如，家里来客人了，引导孩子去招待，让孩子学会一些待人接物的能力。此外，还可以带孩子积极参加社会上的公益活动等。从小开始培养孩子的社交能力，孩子能够与周围的人融洽相处，长大后自然不会因人际关系而烦恼。

俗话说，读万卷书，行万里路，有机会的话，家长还要带着孩子多出去走走，看看不一样的风景，瞅瞅世间的人生百态。周末可以带孩子在街头巷尾、家附近的小公园转转，去郊外看看山，看看河；寒暑假则可以去更远的地方。对孩子来说，无论远近，这都是旅行。旅行可以让孩子见识不同地方的自然与人文风情。见多识广就是这个道理。

在培养孩子的社交能力的过程中，有一点需要注意，就是既要培养孩子的合群能力，又要教孩子在与他人相处的过程中保持独立性。追求个性大概是青春期的孩子最喜欢的事，喜欢个性张扬很符合中学生的心理特点。但家长要及时提醒孩子，有个性并不等于耍酷、特立独行，或者故作姿态与别人格格不入。

不过，也不能让孩子为了合群而失去自我。群体中良莠不齐，若不能保持独立的意识，别人做什么就跟着做什么，不会明辨是非，则极有可能误入歧途。家长可以通过新闻、案例或者真实的场景，教孩子判断对与错，向违法乱纪的行为说“不”。

作为家长，要善于结合生活中的小事教育孩子。生活当中，家长与别人交流的方式，对别人的心态，孩子都会有察觉，受家长的影响，形成与家长相似的方式与心态。这不是行诸语言的教育，而是潜移默化的行为、心态上的教育。

三、终身成长的能力

美国女作家卡罗尔·德韦克在《终身成长》这本书里提到两种思维模式：一种是固定型思维模式，认为人的智力和才能是一成不变的；另一种是成长型思维模式，认为人的各项能力是可以通过努力来培养的，一切皆有可能。她用亲身经历和大量成功人士的故事告诉我们：人与人之间的差异并不都是天赋决定的，大部分取决于人的思维模式，只有用成长型思维模式看待问题、处理问题、规划人生，才能更好地实现人生目标。

1. 孩子终身成长，父母永远是典范

孔子早在两千多年前就提出过终身教育的思想，他认为学习和人的成长应该是一个长期的过程。下面这段话大家都耳熟能详：“吾十有五而志于学，三十而立，四十而不惑，五十而知天命，六十而耳顺，七十而从心所欲不逾矩。”（《论语·为政》）

孔子以十年为一个阶段，描述了自己成长的历程，从“志于学”到“而立”，最后到“从心所欲不逾矩”，是一个自我发展和完善的过程。孔子认为，终身学习应该作为一种人生态度、一种生活方式，也就是我们常说的“活到老，学到老”，只要你想学习、你想改变，什么时候都不算晚。学无止境，学习就应该伴随每个人一辈子。

孔子还说："其身正，不令而行；其身不正，虽令不从。"(《论语·子路》)最好的教育就是父母先做好自己，用榜样的力量来影响孩子；最成功的父母就是"活出让孩子钦佩的样子"。

最近，网络上流行一个词叫"鸡娃"，意思是给孩子"打鸡血"，家长们为了孩子能出人头地，不断地给孩子安排学习和培训。很多家长还没有意识到的是，"鸡娃"不如"鸡自己"！孩子看到家长努力工作之余还在读书学习，不放弃成长，就会从内心里认识到学习的重要性，从而天天向上，成长为有力量、有担当、有责任心、有幸福感的人。

2. 面对困难，让爱陪伴

现在，许多家长认为孩子遇到的问题和困难越少、一生波折越少，就越幸福、越成功。其实，这是一种误解。王阳明先生曾经这样说："人须在事上磨练，做功夫，乃有益。若只好静，遇事便乱，终无长进。"他的意思是，人只有在纷杂的事务中去磨练才能成才。很多家长会发现一种有趣的现象，比如孩子在尝试修自己的玩具，你来帮他修好，他会很不开心，接着把它打乱，自己再修一遍，好像遇到的问题越多他们越高兴。这种成功解决问题的实践带给孩子喜悦与满足，同时也成为孩子解决下一个问题的动力与经验，而这正好跟心理学教授桑顿在《儿童怎样解决问题》一书中提到的"孩子是否能成功地解决问题，更多地取决于他们的经历而非聪明程度"是相吻合的。

梁启超是中国近代著名的政治家、思想家，他还被称为"中国近代史上最成功的爹"。梁启超的九个子女个个都很优秀，人们称梁家为"一门三院士、九子皆才俊"。梁启超写过 400 多封家书，很多都是在鼓励孩子们要吃苦、要经历磨难，比如：“处忧患最是人生幸事。”“患难困苦，是磨练人格之最高学校。”“一个人在物质上的享用，只要能维持着生命便够了，至于快乐与否，全不是物质上可以支配。”他坚信，苦难与挫折是人生宝贵的财富，可以激发人的无限潜力。所以当长子梁思成（中国著名的建筑学家）从美国毕业回国任教，面对清华大学和东北大学两种选择时，梁启超为儿子选择了东北大学，他说：“清华太舒服，会使人懒于进取。”他总是鼓励孩子多吃苦、多磨砺，并告诫子女：有志气的孩子总应该往吃苦路上走。

在孩子遇到困难和挫折时，当家长的不要单纯为孩子撑起保护伞，也不要为孩子寻找捷径，更不要替他去解决一切难题，而是要为他把握好大方向，引导他不要出现原则性的错误，并和他一起总结经验、吸取教训，给他理解与关心，陪伴他在风雨中茁壮成长。

3. 设定合理目标，不造完美小孩

作为父母，在心里总会有一个培养孩子的目标。孟子研究院家长学校曾做过一份家庭问卷调查，其中有一项问父母对孩子的培养目标是什么，调查结果显示，不少父母会把考上好大学、找一份好工作作为最终的培养目标，能够关注孩子发展过程的家长并不是很多。

孔子曾说过：“人无远虑，必有近忧。”（《论语·卫灵公》）设立培养目标很重要，它直接会影响我们把孩子培养成怎样的人。很多家长喜欢给孩子贴各种标签，要求孩子一定得成为什么样的人或者达到父母眼中“完美小孩”的标准。如果这样，孩子

就没有了展现个性的空间，他们的兴趣、性格、欲望和价值都会受到压抑。因为他们知道父母期望他们成为什么样子，他们会敏锐地感知到父母对他们的不满与失望，然后被这个永远达不到的完美标准折磨得意志消沉，最终一事无成。

每个孩子都有自身的独特性，我们很难用一个统一的标准去要求孩子。三百六十行，行行出状元，孩子有能力掌握一技之长，并使之成为自己的看家本领，则必有所成就。如果暂时没有发现孩子的特长，就勉励孩子做一个品质善良、品行端正、做事踏实的人，就算他成不了你所期待的那种“成功人士”，但他以后也不会走错路，同样可以收获幸福的人生。

不可否认，很多成功人士是天赋异禀，但勤奋努力往往起到更重要的作用。我国的钢琴演奏者郎朗在一次采访中被问到天赋和勤奋的关系时说：“我知道自己有天赋啊，但我认为勤奋更加重要，就像知道地下有金子，不去挖，永远也得不到一样。”正如一首歌中唱的：三分天注定，七分靠打拼，爱拼才会赢！

孟子说：“人皆可以为尧舜。”奥地利著名的心理学家阿德勒也说过：“任何人都可以做到所有事。”他们所说的话虽然不同，但意思是一样的：一个人的能力是无限的，只要认准了目标，找对了方法，相信每一个人都可以成功。

4. 家长学会“夸”，孩子成长空间大

夸孩子不要用聪明、伶俐、天才这种轻飘飘的词语，这样很容易误导孩子对成功的理解，孩子会把成功归于先天智力因素，而忽视后天的努力。

夸孩子要多用努力、认真、勤奋、上进、耐心、勇敢、自信

等有指向的词语。这样的夸奖，是我们关注了孩子做事过程中所采用的策略、付出的努力而得出的结论，会让孩子感受到我们对他们的认可和欣赏。

有这样一个情景：某一天，孩子的作业比往常完成得更好，字迹工整，准确率高。作为家长，您会怎么表扬孩子？

家长 A 说："好好写就对了，以后都得这样写。"

家长 B 说："孩子你真棒，写得很好！"

家长 C 说："孩子你真棒，今天作业写得比往常更工整，准确率更高，继续努力；看到你的进步我感到非常开心，相信你是最棒的。"

可以看出，A、B、C 三位家长中，C 家长的表扬更有效：表扬孩子的时候，要让他知道为什么表扬他，哪一点做得好，值得表扬。这对孩子是非常有益的，受到肯定的他会把好的行为和品质继续保持下去。

另外，家长千万不要把"我不行"的念头植入孩子脑海。很多父母在孩子小的时候，总是用语言的大刀向孩子的头上砍去，用暴力言语伤害孩子，毫不留情。这种批判、否定，会让孩子由衷地觉得自己很差，以致孩子在面对问题的时候，首先会想到的就是"我不行""这个我肯定干不了"，连尝试的动力和勇气都没有，就直接放弃了。没有为成功找方法，却为自己的失败找了个心安理得的借口，那就是"我不行"的心理定式。

所以，我们要学会用正能量的观点去鼓励、引导孩子，要让孩子相信自己有能力做好很多事情，遇事先想到"我能行"，主动寻找方法解决一个又一个的难题，让他们坚信办法总比困难多。

5. 家长学会放手，孩子才能真正长大

现在的孩子解决问题的能力普遍有所欠缺，究其原因，主要还是因为做家长的不舍得放手，孩子锻炼的机会太少，孩子遇事依赖父母习惯了。在培养孩子独立解决问题的过程中，家长只是辅助者、旁观者，而非主导者或参与者。遇到问题必须让孩子自己去面对。孩子都有很强烈的学习和探索欲望，年龄越小这种欲望越强烈，孩子不怕失败，害怕失败的恰恰是家长。所以，这种学习行为经常被父母长辈所阻止，因为家长总是认为孩子不会做、做不好，总会迫不及待地用自己的经验告诉孩子答案，或者干脆都包办代替，以致剥夺了孩子独立解决问题的机会。

这种事在日常生活中经常发生。比如，孩子刚学会穿衣服，动作比较慢，家长就没了耐心，干脆直接给他穿好；学校布置手工作业，家长嫌孩子动手能力差，于是插手代劳帮孩子做好，让他当成自己的作品上交给老师。父母总是会用自身的经验和感受去替代孩子自主探索的过程，如果可以，父母会把一切都安排得明明白白、妥妥当当，直接把孩子变成提线木偶。

我国著名儿童教育学家陈鹤琴在论家庭教育时说过这样的话：不要担心孩子的失败，应该担心的是，孩子怕失败而不敢做任何事。所以，只有家长学会放手，让孩子去努力、去尝试，孩子才能真正长大。

6. 家长能容“错”，孩子的进步弹性大

不容许孩子犯错，就是不想让孩子成功。做家长的总是希望孩子少犯错误，甚至不犯错误，可是，谁能说自己没犯过错误？为什么一旦看到孩子犯错就如临大敌，着急、焦虑，甚至整个人

都会崩溃，对孩子轻则唠叨，重则打骂？其实，很大程度上这只是家长在发泄自己的不满和气愤，对孩子并没有什么帮助。在孩子成长的过程中，犯错是再正常不过的事情，家长一味地指责、批评、抱怨，不仅没有尊重孩子，也不能提升孩子解决问题的能力，最后的结果就是，大人小孩都不开心，事情没有得到解决，孩子别的没学会，反而学会遇事先发脾气了。

做错事不可怕，可怕的是孩子不知道自己哪里错了。孩子的每一次犯错，都可能成为一次成长的契机，关键是家长如何充分利用好这样的成长契机，教会孩子从错误中吸取教训，科学地引导孩子认识错误，得到正确的启发，并传授他避免此类错误的方法，从而为自己的行为纠偏。

一位母亲曾经这样说："我很爱我的孩子，但我不能照顾他一辈子，不能帮他去听，帮他去看，更不能在20年后帮他去竞争；我唯一能做的，就是给他一个学习的机会，让他拥有竞争的能力，从而更好地去创造机会和财富。"

我们这辈子能陪孩子多久啊？真正的陪伴不就那么十几年吗？这中间可能还有好几年是相看两厌的日子。我们不可能为孩子保驾护航一辈子。所以，培养孩子面对挑战、独立解决问题的能力至关重要，总结成一句话就是："挑战，积累超越；失败，启发成功。"

成功往往是一时的，而成长才是一辈子的；没有成长，也不会有真正的成功。人生就像一场马拉松，起跑时候的站位根本不重要，甚至跑完一半时谁在第一、谁在第二也不能决定谁是最后的冠军，那就请家长朋友们别再抱着"不能输在起跑线上"的理念啦！关键看终点线上有没有自己的孩子。如果我们能够领悟到这一点，就不要只把目光紧锁在孩子的分数上，还要关注孩子身心多方面的发展；就不要只盯着眼前，还要放眼孩子的未来。未来的他，应该是一个保持终身成长的人，能够立足于社会，为自己也为他人谋幸福的人！

《战国策》里有一句话："父母之爱子，则为之计深远。"在工作上，我们总有退休的那一天，可是父母这个角色将会持续到我们生命的最后一刻。人这一生，若真有什么可得意的，恐怕不是事业上的成就，不是金钱的满足，而是把孩子教育好、培养好，使其成为一个有完整人格的人。这才是我们最大的财富和成功。

《论语》《孟子》中的教子之道

殷延禄

“《论语》《孟子》中的教子之道”，顾名思义，就是通过对《论语》《孟子》的学习，来探讨教育子女应该遵循的道理、原则、方法。

说到“教育”，大家知道“教育”这个词最早就出在《孟子》这本书里：

> 孟子曰：“君子有三乐，而王天下不与存焉。父母俱存，兄弟无故，一乐也；仰不愧于天，俯不怍于人，二乐也；得天下英才而教育之，三乐也。君子有三乐，而王天下不与存焉。”（《孟子·尽心上》）

孟子说“君子有三乐”，其中一乐就是“得天下英才而教育之”，这是第一次出现“教育”这个词。“得天下英才而教育之”，也就是说孟子教学生是有选择的，不是所有的人他都教。

在古代，私塾老师都是可以选择学生的，但是，无论古今中外，孩子都是无法选择父母的。这样说来，若是不能成为合格的家长，我们就会愧对没有选择权的孩子！所以我们要做称职的家长。

如何才能做一个称职的家长呢？让我们再回到“教育”这个词，了解“教”与“育”这两个字的造字原理，或许会给我们一些有益的启示。

我们先来看“教”这个字。

“教”是会意字，甲骨文写作。左上是两个乂，表示绳结。结绳记事或许是传说，打绳结以制造劳动工具则是真实的先民的智慧，是先民赖以生存的基本技能之一。左下是小孩，右边是大人手持教鞭。会意家长或者老师督导小孩学习打绳结。“教”的本义是指点、传授，在这个意义上读 jiāo；引申为宗教（jiào）等。

有一次讲家教课，讲到这个“教”字的时候，有一位年轻的母亲就举手提问：老师，教育孩子的时候能不能打孩子啊？我说，要是看甲骨文的“教”字，应该能打，不然，家长手里拿着那个教鞭干什么呢？然后，我又告诉她，你想打孩子可以，但一定要在你不发怒的时候。为什么呢？大家想一想，你都发怒了，失去理智了，这个时候教育孩子，能教育出好孩子吗？这位家长一听就笑了：老师，不发怒谁打孩子呀！我说：这就对了，这就是我们在教育孩子的过程中经常犯的毛病——我们一不高兴就打孩子，却很少或从来不反思自己。

古人在造字的时候，家长或者老师手里拿着的这个鞭子，它其实是一个会意：孩子还小，还没有养成良好的习惯，那作为家长、作为老师应该做些什么呢？要去督导他、引导他，让他慢慢地养成一些良好习惯。

教育不能简单化，教育需要讲出方法。

什么是“育”呢？

育，甲骨文写作，左上是母亲的母，右下是倒立着的小孩，十分形象地描绘了母亲生孩子的那一瞬间：孩子头朝下腿朝上，身上还滴着羊水。“育”的本义就是母亲在生孩子，引申为抚养。

“育”的造字原理，显示父母与孩子之间的血缘关系，蕴含着父母对子女天然的爱怜。

“教”强调的是方法，“育”强调的是温暖与爱；把“教”和“育”合起来，组成“教育”。什么是“教育”呢？我想，在说文解字之后，大家可能对“教育”有了一种新的不同于以往的认识：

“教育”是有方法的爱，或者说是爱的有方法的表达。

作为家长，我想大家都不缺乏“教育”所要求的对孩子的爱，但是，您拥有正确的恰当的“教育”孩子的方法吗？这个可能要打上一个不小的问号。

今年（2021 年）的 3 月 16 日，在湖北鄂州开往武汉的高铁上，发生了一件事情：一位老人因为忘记给孙子带奶粉了，孙子在车上没完没了地闹，然后儿子就不高兴了，一拳打过去，把老人家的脑袋打破了。

儿子打老子，无论是从法律的层面上，还是从伦理道德的层面上，都是无法原谅的。不过其中也有一个需要我们思考的问题：那个儿子为什么敢打老子？为什么会打老子呢？

古人讲："子不教，父之过。"家长可能会说，你这个老师太残忍了，老人家头都被打破了，你还要责备他吗？我不是责备老人家，我是要请大家冷静思考儿子打老子这个事实背后所反映的深层次的原因：

一个熊孩子的背后，不一定有一个熊家长，却一定有一个不懂得教子之道的家长。

教育孩子不是一件简单的事情，它需要学习。作为济宁人，要学习做一个合格的家长，具有先天的优势。为什么呢？因为我们是孔孟之乡嘛！孔子、孟子都是伟大的圣人，有着诸多的头衔：思想家、政治家、教育家等。在我看来，这些头衔中最重要的那个是教育家。

在孔子、孟子留下的经典当中，蕴含着丰富的教育思想，包括教育子女的思想。我们今天就从《论语》与《孟子》中去寻找那些思想，寻找那些教子之道。

我给大家梳理了 9 个问题：

1. 把孩子培养成什么样的人？

2. 什么是完美的学习状态？

3. 您了解自己的孩子吗？

4. 家长最大的资本是什么？
5. 如何培养孩子自觉的学习习惯？
6. 孩子最应该读什么样的书？
7. 如何看待孩子犯错？
8. 为什么要让孩子吃点苦？
9. 如何教孩子交朋友？

一、把孩子培养成什么样的人

听到这一问题，有的家长可能立刻回答，我要把孩子培养成一个有知识的人啊！

把孩子培养成为有知识的人，这没有错，问题是什么是知识呢？现在很多的人已经不了解“知识”的本来含义了，我们今天已经把“知识”这个词异化了。

什么是知识呢？“知”是知晓，“知”在于探究物理；“识”是见识，“识”在于修养道德。“知”让人成才，“识”让人成人，“知识”让人成为人才。有“知识”的人不是简单的有才，也不是简单的长大成人，而是成为“人才”，成为有道德修养、有智慧才能的人。

有道德修养、有智慧才能的人，在儒家那里叫“君子”。

我们先来看一看“君”字。

君，甲骨文写作；上半部分就是今天的“尹”，以手执权

杖，表示治理；下半部分是“口”，表示发布命令。“君”的本义是拥有权力、发号施令的人；后世衍生成国君，即一国之最高统治者。

君子，有人说是“君之子”，就是君王的孩子。这个说法可能不准确。我查字书，发现字书对“君子”与“君”的解释是一样的，有三层含义：

最初，君子是对统治者和贵族男子的统称。君子是统治者，这个意思我们从解字中已经了解到。因为在孔子所处的时代或者孔子之前，只有贵族家的男孩子才有机会去做官，所以这个表示拥有国家权力的君子，也可以用作贵族男子的统称。

在孔子之后，君子的概念发生了变化，它首先是指一个有良好道德修养、有智慧才能的人。

再后来，君子就成了一个客气话，称呼某人时会说某君。这样的称呼现在越来越少了，我们现在遇到男的就叫老板，见到女的就叫美女，关注点已经放到外在的财富和容貌上来了。

孔子对自己的学生有一个一以贯之的要求，就是做一个有道德修养、有智慧才能的君子。

> 子谓子夏曰：“女为君子儒，无为小人儒。”（《论语·雍也》）

有道德修养、有智慧才能的君子又是什么样的人呢？

> 子路问君子。子曰：“修己以敬。”

曰："如斯而已乎？"

曰："修己以安人。"

曰："如斯而已乎？"

曰："修己以安百姓。修己以安百姓，尧、舜其犹病诸！"（《论语·宪问》）

学生子路问什么样的人是君子，孔子回答说，"修己以敬"。修养自己，让自己对万事万物怀有一颗敬畏之心，这样的人就是君子。

"修己以敬"，有些人解释为怀着一颗敬畏之心去修养自己。这种说法可能不对。"敬"是修己的一个结果，而不是对修养所持有的态度。

敬畏之心对于我们人太重要了，有了这颗敬畏之心，你才知道什么该做什么不该做，你的行为才会变得适宜、合理。我们现在的人，就是缺乏这种敬畏之心，什么都敢做。

不过，对于孔子的门徒子路而言，"修己以敬"，修养自己，让自己对万事万物怀有一颗敬畏之心，太简单了，所以他接着问："如斯而已乎？"哎呀！老师，这样就可以了吗？孔子一听子路有更高的要求，很高兴，就说"修己以安人"，修养自己，并通过自己的修养让周围的人都得到安顿、得到幸福。

"修己以安人"与"修己以敬"不一样了。"修己以敬"的关注点在个人内在的修养，"修己以安人"则把个人的修养与他人的幸福、安顿连接起来了。

这个时候子路还不满意，又问老师："如斯而已乎？"这样就可以了吗？孔子又教导说，“修己以安百姓”，修养自己，让天下的老百姓都得到安顿。这个时候，孔子就不让子路再问了，因为修养自己，让天下的老百姓都得到安顿，这样的事情太难了，即使是尧、舜这样的圣君也没有做好。

细心的朋友会发现，子路问的是什么样的人是君子，孔子回答的却是如何做才能成为君子。这是孔子在教育学生上的一大特色，他老人家从来都不教什么概念、定义，只教如何去做。概念、定义是“知”，做是“行”，在孔子那里知行是合一的。

由子路与孔子的问答，我们可以看到，在孔子的眼里，什么样的人是君子呢？或者说怎样做才能成为君子呢？不就低，不攀高，而是取那个中间值——“修己以安人”。

做君子，这就是我们培养孩子的目标。

“修己以安人”的君子，是一个充满着不忍人之心的人。不忍人之心就是仁爱之心。大家知道儒家思想的核心就是这个“仁”字，那“仁”是什么呢？

仁，甲骨文写作。《说文解字》：“仁，亲也。从人，从二。”仁就是我们人和人之间的亲，人和人之间的爱。

二人为“仁”，显然一个人成不了“仁”。只有这个人生活在人群之中，与他人发生关系之后，才能产生“仁”。“仁”是人与人之间温暖的需要。有了这样的“仁”，人的身与心之间、人与人之间、人与大自然之间的关系就会变得和谐。“仁”是人所具有的非常了不起的德性、德行。

不过说到这里，可能有的人会不以为然：老师，都到了什么年代了，还在讲做君子、做好人，你这个讲法太落后了；我们现在都讲市场经济，讲如何竞争，如何去挣大钱、争得更高的社会地位了。如何去说服有这样想法的人呢？我给大家讲一个故事，这个故事是我从鲍鹏山先生那里听到的。

有一个十几岁小女孩，学习成绩一直不太好，这一次考试又考砸了，只考了 60 分。因为担心自己又要被父母训斥，她在自己这张考 60 分的试卷上给父母留下了这样一段话：

> 亲爱的爸爸妈妈，我要和兰迪私奔了。兰迪是个很有个性的人，身上刺了各种花纹，只有 42 岁，并不老，对不对？我将和他住到森林里去，当然，不只是我和他，兰迪还有另外几个女人，我们一起去。我们将会种植大麻，除了自己抽，还可以卖给我们的朋友。我希望给兰迪生几个孩子，当然，在这个过程中，最好能找到一种神奇的草药，治好兰迪的艾滋病。

读到这里，她的父母都晕了！正在这个时候，他们发现下面还有几个字，女儿说未完，见背面。父母赶紧把试卷翻过来，看看背面写的什么：

> 亲爱的爸爸妈妈，正面除了那个 60 分的分数，其他都

是假的。我就在同学家里，如果你们愿意，打一个电话，我立刻回来。

聆听别人讲道理，我们常常会觉得“空”；品味身边的现实，我们立刻会心明眼亮。

为什么要教孩子做一个好人，做一个君子呢？我想，不需要多讲了吧。

二、什么是完美的学习状态

作为家长，有一个问题是我们最为关注的，那就是如何让孩子达到完美的学习状态。

说到完美的学习状态，很多家长都会遇到这样的问题：孩子无论是在考试还是在写作业的时候，经常会犯一些小的错误，错误不大，扣分不少，而且总也改不了。这个时候，我们会认为孩子的学习状态不好；究其原因，我们又会归结到孩子马虎不用心。其实，仔细深究下去之后，我们会发现，主要的原因并不在这里。

导致孩子写作业老是犯一些小错误的原因有很多，其中一条重要原因是作业负担过重。每日大量重复性的、超负荷的作业，引发了孩子的厌学情绪。

家长们设身处地想一想，如果让你每天大量重复地做已经做过的事情，你会怎么样？你很容易会心不在焉，马虎应付了事。你会这样，孩子更会这样。

说到做作业，有的家长可能会说：老师，你不能这样讲，在

《论语》的开篇孔子就说“学而时习之”，学了之后就要反复地做作业，而且还说“学而时习之，不亦说乎？”

我有一次到上海给小学四五年级的孩子们讲课，我问他们：白天学习，晚上再做作业，你们高兴吗？孩子们不说话，为什么？因为老师在旁边啊！我给孩子们说，老师也想听听你们的心里话，这时所有的孩子都把手举起来，高声地喊：不高兴！

小孩子都明白的道理，我们的圣人孔夫子会不明白吗？这里显然是我们对圣人的话理解有错误。那错在什么地方呢？错在对“学而时习之”的“习”的解释。这个“习”不是一天到晚做大量的、重复性的作业。它说的是什么呢？

“习”的繁体写作“習”，甲骨文写作。上半部分，是鸟的羽毛，表示鸟的翅膀。下半部分，是鸟的巢穴。《说文解字》说：“习，数飞也。”习就是鸟来来回回地练习飞行。大家知道，老鹰住在悬崖峭壁之上，在那样危险的地方，小鹰开始怎么学习飞行呢？它从巢穴飞出一点点，赶快飞回来，然后再飞出一点点，又赶快飞回来，这样来来回回地练习。鹰的飞行，不仅仅依靠翅膀的力量，它还要借助气流，利用气流的运动进行滑翔、飞行。小鹰通过反复练习，学会扇动翅膀、把握气流的运动规律，这就是“习”的本义。

习是演练，是践行，不是简单的记忆、背诵。

“学而时习之，不亦说乎？”正确的翻译应该是：对于所学的知识能适时地实习、践行，不也令人愉悦吗？

“学习”这个词包含两件事：一是学，一是习。这两件事，相互联系，密不可分。我们所学到的知识，要运用到实际行动当中去，通过实践来检验所学、巩固所学、丰富所学。

“学”“习”不断交替进行，我们的知识和技能由此得到螺旋式的上升，这不是一件很快乐的事吗？这种快乐，显然不是我们今天通过一天到晚做大量的、重复性的作业所能获得的。

习是一种行为。如果学是知的话，习就是行。“学而时习之”，是知与行的合一，学中有习、习中有学，在学中习，在习中学。

上幼儿园的孩子大多有一个特点，那就是在幼儿园学到的东西，回到家里之后，他一定要表演给大家看，把家里所有人——爷爷奶奶、爸爸妈妈叫在一起看。那个时候，学习对孩子来说，是多么幸福的一件事啊！

表演就是“习”，“习”中有莫大的快乐。慢慢地孩子长大了，就不跟我们玩了，为什么呢？因为学习变成了做大量的、重复性的作业。学与习，知与行，严重脱节了。

“谁知盘中餐，粒粒皆辛苦”，这句唐诗流传甚广，我想几乎所有的孩子都会背。但是，大家注意了没有，很多的孩子，即使大学毕业了，也不能辨别哪个是麦苗，哪个是韭菜。为什么呢？因为我们从来没有或者很少把孩子领到田地里去看一看，更别说到田地里体验一下劳动，感受一下农民劳作的辛苦。

学知识和付出行动是不可分割的两件事情，只有把“学”运用到“习”的过程中，孩子才能真正体会到学习的快乐。

拥有快乐，对学习来说极为重要。

子曰："知之者不如好之者，好之者不如乐之者。"（《论语·雍也》）

孔子说："知道学习，不如爱好学习；爱好学习，不如以学习为快乐。"

"知之"是道理的认可；"好之"是内心的喜欢；"乐之"是痴迷陶醉，是忘我。这样的欢喜、痴迷、忘我的学习状态才是完美的学习状态。

完美的学习状态包含三个要素：功夫、方法、快乐。功夫就是适度的复习；方法就是正确的路径；快乐就是内在的欲望。没有功夫，学习便成为空谈；没有方法，学习便陷于低效；没有快乐，学习便缺乏内在的动力。

快乐是完美学习状态的重要因素，但不是完美学习状态的全部。完美的学习状态，也不是说一点作业都不做，但作业不能仅仅强调量，特别是重复的量；相比于重复的量，学习更应该强调正确的方法。

三、您了解自己的孩子吗

诸位家长一听这个问题，可能就会想：老师你怎么能这样问呢？孩子是我身上掉下的肉，我能不了解我的孩子吗！

我们先来解一个字。

我读中专的时候，老师告诉我说，中国的文字当中有一个字造错了。哪一个字呢？就是这个射击的“射”。怎么错的呢？老师说“射，从身从寸”，一寸的身高，那不能是射击的“射”，而是高矮的“矮”。

当时，我觉得老师讲得太对了。后来，我研究了古文字之后，才发现我的老师是“以不知为知”。为什么说我的老师错了呢？我把“射”字从甲骨文到楷书的演变过程列出来，大家就明白了：

甲骨文  → 金文  → 小篆  → 隶书  → 楷书 射。

通过“射”字字形的演变过程，我们可以清楚地知道：“射”的甲骨文字形从弓从矢，金文字形从弓从矢从又，是个会意字。以箭在弦上、手（又）在发放会意用弓发箭使中远处目标，本义有射击、发射的意思。到小篆时，才把弓矢形讹变成“身”，“又”形讹变成“寸”了。

不了解古文字，情有可原，毕竟文字的创造是很久远的事情了。那孩子是父母所生所养，难道父母还不了解自己的孩子吗？

子曰：“射不主皮，为力不同科，古之道也。”（《论语·八佾》）

孔子说：“比较射箭的技巧，不注重是否射穿箭靶中心的皮革，因为每个人体力有不同，这是古来的道理呀！”

皮就是用兽皮做成的箭靶子。科就是等级。“射不主皮”是说比谁射得最好，不是看是否射穿了箭靶子，而是看是否射中箭靶子。为什么呢？因为人和人天生的力量是不一样的，如果以射穿箭靶子为标准，那就不公平了。

除了力量，人与人天生素质的不同还有很多。由此，我们要明确一个事实：每一个孩子都是唯一。

所以，孔夫子提出一个伟大的教学理念：因材施教。

> 子路问："闻斯行诸？"子曰："有父兄在，如之何其闻斯行之？"
>
> 冉有问："闻斯行诸？"子曰："闻斯行之。"
>
> 公西华曰："由也问闻斯行诸，子曰'有父兄在'；求也问闻斯行诸，子曰'闻斯行之'。赤也惑，敢问。"子曰："求也退，故进之；由也兼人，故退之。"（《论语·先进》）

孔子的学生子路问："听到一个道理就去做，可以吗？"孔子说："家里还有父兄在，怎么能够听到后就去做呢！回家征求一下他们的意见再说。"

学生冉有也问："听到一个道理就去做，可以吗？"孔子说："对啊！听到了当然就赶快去做！"

另一个学生在一边听着有些犯糊涂："老师，他们两个问同样的问题，您的回答为什么截然相反呢？"孔子解释说："子路勇气过人，行事鲁莽，所以我要压压他，让他冷静冷静，这样就会少犯错误。冉有性格懦弱，所以我要鼓励他，不然他就会一事无成。"

作为家长，一定要知道你的孩子长处在什么地方，然后因材施教、因势利导。

遗憾的是，现实中我们的家长，总是拿自己的孩子与别人家的孩子比，尤其喜欢拿自己孩子的短处与别人家孩子的长处比！在无休止的比较中，家长从生气到无奈，渐渐变得失望；孩子则从紧张到沮丧、气馁、无助，最终走向放弃。

这世间每个人都是唯一，人与人之间，本来就难以用一个标准去衡量。人与人比，关注点是差别，结果是优与劣、好与差。因此，人与人比，常常带来的是伤害、烦恼。

每一个人都是唯一，家长应该以孩子自己为标准来比较。自己与自己比，关注点是成长，是今天的孩子与昨天的孩子有什么不同，满眼里看到的是孩子在成长、在进步。因此，自己与自己比常常带来自信、快乐。

一个合格、聪明的家长，一定要习惯于让孩子自己与自己比。有了这样的念头，你就很容易发现孩子在一天天进步！这个时候你就会不自觉地认可、表扬、鼓励孩子。你的发现、认可、表扬、鼓励，会让孩子快乐起来，从而达到你想象不到的优秀。

有的家长可能会说，老师，这些道理我都懂，但是我的孩子实在是太笨，我怎么教都教不好。说到笨孩子，我们来讲一个故事：

> 一个13岁的孩子，再次迈进书房，点燃油灯，背起一篇不足三百字的小文章。在他进入书房前，家里来了一个贼。听见有人进来，贼便躲在了房梁之上，想等会儿偷点东

西再走。哪知这个小孩背到三更还背不下来这篇小文章，那贼终于受不了了，飞身下梁，冲着小孩大叫：“你这个孩子太笨了，我都会背了，你怎么还不会！”

这个被小偷骂作笨孩子的人，叫曾国藩！

家教紧连着孩子的成长。从家教的意义上来说，没有笨孩子，只有笨家长。

四、家长最大的资本是什么

重视家教的家长，一定熟悉傅雷。傅雷是中国著名的翻译家、作家、美术评论家，也是著名的教育家。他的教子之道，体现在《傅雷家书》中。这是一本畅销多年的书。但即使是这样一个让我们汗颜的家长，在具体的教子过程中，也会遇到问题，也会出现错误。

一年正月，就贝多芬小提琴奏鸣曲哪一首最重要的问题，傅聪与父亲傅雷发生了激烈的争论。傅雷认为傅聪太狂妄，双方争执不下，导致严重冲突，倔强的傅聪离家出走，住在父亲的好友毛楚恩家。一个月之后，傅雷的姑父突然去世，傅雷感慨万千，觉得人生何其短促，父子之间何必如此较真，遂让傅敏陪同母亲接傅聪回家。父子双方这才和解。

作为家长的教育家傅雷，在这件事情上犯了一个常识性的错误。什么常识性的错误呢？

古者易子而教之，父子之间不责善。责善则离，离则不

祥莫大焉。(《孟子·离娄上》)

说到“父子之间不责善”，大家一听，可能会说，不对呀，老师刚才还教我们要让孩子学习做一个好人呢！为什么现在又“不责善”了呢？

下面我们解一下这个“善”字。

“善”字有一个很特别的古文字字形，从羊从目。羊的眼睛为什么是“善”？羊是温顺的，它的目光也是温柔善良的。

关于眼睛，孟子曾经说过这样的话：

> 孟子曰：“存乎人者，莫良于眸子。眸子不能掩其恶。胸中正，则眸子了焉；胸中不正，则眸子眊焉。听其言也，观其眸子，人焉廋哉？”(《孟子·离娄上》)

孟子说：“观察一个人，再没有比观察他的眼睛更好的了。因为眼睛不能遮盖一个人的丑恶。心正，眼睛就明亮；心不正，眼睛就昏暗。听一个人说话的时候，注意观察他的眼睛，这人的善恶又能往哪里隐藏呢？”

需要注意的是，这个“善”不仅仅有善良的意思，它还有一个引申义，就是擅长的意思。“父子之间不择善”，不是讲不要求做好人，而是讲父子之间不能求全责备。

孟子说：“古者易子而教之，父子之间不责善。”古代的人，不教自己的孩子，而是相互交换进行教育。为什么呢？因为父子之间不能求全责备。为什么父子之间不能求全责备呢？因为“责善则离”，父子之间求全责备，会使父子关系疏远；“离则不祥莫大焉”，父子疏远，没有比这更不幸的了。

作为家长，在教育孩子的时候，往往是把要求的标准提得高高的，孩子永远达不到，永远也做不好。出现了这种情况，一定会影响家长与孩子之间的感情。家长与孩子没有了情感的基础，很容易就会像傅雷爷俩那样起冲突。

无休止的求全责备，使得亲情疏远了；没有这种亲情，所有的所谓的教育都是没有作用的。所以，对家长来说，最大的教子之本就是亲情。

当然，对孟子“易子而教”的理解也不能过于拘泥，自己的孩子，自己哪能不教呢？我们也理解孟子所强调的应该是下面一层意思：亲情是教子的最大资源。我在前文中提到，教育是有方法的爱，或者说是爱的有方法的表达。没有了亲情，还谈什么有方法的爱，还谈什么爱的有方法的表达呢？

所以，保持与孩子的良好沟通，维系好与孩子的亲情，是教子之本。

五、如何培养孩子自觉的学习习惯

孟庙的建筑规制，从承圣门即分为左、中、右三路，左为启贤门，中为承圣门，右为致敬门。

启贤门内有两间殿：前为启圣殿，祭祀孟父；后为孟母殿，祭祀孟母。孟子三四岁的时候，父亲就去世了，孟子是在母亲的教育启发下成长起来的。

“启”是会意字，甲骨文写作，从（户）从（又）从（口）。（户）是单扇门；（又）是手；（口）表示空间。启，就是用手打开一扇门，打开之后你就看到了一片新天地。“启”的本义就是打开，引申为启发。

父母在恰当的时候给孩子以启发，就会慢慢培养起孩子良好的学习习惯。

> 子曰：“不愤不启，不悱不发。举一隅不以三隅反，则不复也。”(《论语·述而》)

孔子说：“不到他心欲通而未得时，就不去开导他；不到他口欲言而未能时，就不去启发他；我告诉他一个角，他却不能推知其余三个角，我便不会再说了。”

朱熹《论语集注》：“愤者，心求通而未得之意。悱者，口欲言而未能之貌。”

“愤”“悱”在前，“启”“发”在后，强调的是学习者的自觉性、主动性。

如果一个孩子没有经过思考，张口就问问题，这个时候你不要急于回答。你要让他自己想一想，想了之后还搞不明白再来问。孩子在遇到问题时，习惯于先自己思考，这样就做到“愤”“悱”在前了。在孩子愿意学习的时候，帮助他解决问题，这就是教子的最佳时机。

很多家长不注意这个问题，只要孩子问问题，就立刻回答，也不管孩子之前有没有思考过，这样就错过了培养孩子自觉学习的最佳时机。

可能有的家长会说，老师，我的孩子从来就没有愿意学习的时候。孩子不愿意学习，没有自觉的学习习惯，我们就主动地培养。如何培养孩子学习的主动性呢？

大家知道，送小孩上幼儿园很难，孩子通常又哭又闹，不肯进幼儿园。我把自己的经验分享给大家。

在孩子快要上幼儿园的时候，我和家人提前两个月就有意无意地告诉他，那个幼儿园太漂亮了！说得多了，孩子就有点好奇，我就骑着自行车带他去幼儿园，到了一看，幼儿园还没有开学，关着门呢！

孩子心里一直挂念这个事，过了几天又让我带他去看幼儿园。这时的幼儿园自然还是没开门，不过这次我把他举起来，让他从墙上往里看，他说太好了，趴在墙上不愿意下来。

看了几趟，他就很着急，盼望着幼儿园开学。所以，开学那天我去送他，很多孩子在幼儿园门口又哭又闹，我们家孩子激动得小脸通红，门一打开，就急切地跑进去了，根本不管我。

六、孩子最应该读什么样的书

说到书籍，高尔基有一句广为人知的名言：书籍是人类进步的阶梯。

但尼采也说过：生活中有太多这样无用的知识，太多传递无用知识甚至错误知识的书籍。阅读这些书籍把我们宝贵的时间切割成没有价值的碎片。

由此我们说，“书籍是人类进步的阶梯”这句话的后面需要打上一个问号。那什么样的书籍才是真正的人类进步的阶梯呢？我的回答是：经典是人类进步的阶梯！

什么是“经典”？我们来解一下这两个字。

经，金文写作，是最早的极其简单的织布机的象形。《说文解字》：“经，织也。”三条竖向的曲线，代表织布用的纵线，所以又指织物的纵线，即经线，与纬线相对。经线对织布是非常重要的，经线决定着布匹的长度和宽度。所以这个“经”又引申为常行的义理、准则。

“典”是会意字，甲骨文写作。在纸发明以前，文字是书写在竹简上的，写好字的竹简再用皮带连接起来。就是“册”，是连接起来的竹简。两边的、是两只手。双手恭谨地捧着“册”，本义即重要的文献、典籍。

对经典，龚鹏程先生有一个非常好的解释：每个民族都有它自己的经典。经，指其所载之内容足以作为后世的纲维；典，谓其可为典范。因此经典常被视为一切知识、价值观、世界观的依据或来源。早期只典守在神巫和大僚手上，后来则成为该民族累世传习、讽诵不辍的基本典籍，或称核心典籍，甚至是“圣书”。

孟子研究院特聘专家、中山大学杨海文教授说：经典既是句号，又是惊叹号，更是省略号。经典属于并会终结既往的历史时代，这是句号；经典提出并会解答当下的社会问题，这是惊叹号；经典敞开并会指向未来的心灵境界，这是省略号。

我们要教孩子读书的时候，一定要把更多的时间花在阅读经典上，而不要随随便便在书店里买一些书让孩子读，那些书也许正是尼采先生批判的东西。

孟子还告诉我们，读书的时候要有思考：

尽信《书》，则不如无《书》。(《孟子·尽心下》)

孟子这里说到的“书”，是特指古代的《尚书》。不过后来，大家都不加这个书名号了，“书”就变成了泛指。在阅读一切书籍的时候，都要保持独立思考的能力。学习不需要迷信权威，即使是对经典，我们也要保持独立思考、勇于怀疑的精神。

古往今来，人们礼赞书，甚至对各类经典达到膜拜的程度，视其为神圣之物。但如果一味相信书，一切唯书本是从，轻则成为书呆子，重则形成所谓“本本主义”、“教条主义”和“唯书”的作风，误己误人，误国误事，贻害无穷。

孟子不迷信权威著作，主张对经典保持独立思考、勇于怀疑的精神，这种治学的风范对后世产生了深远的影响。

怀疑引发思考，思考带来读者与作者思想上的碰撞，碰撞就可能产生新思想的光辉。

七、如何看待孩子犯错

许多家长跟我说，他们最头疼、最受不了的就是孩子犯错，听到、看到孩子犯错就忍不住要生气发怒。我劝他们说，不要这样。为什么不要这样？我们来看一看这个“怒”。

“怒”是会意兼形声字，从心从奴，奴亦声，本义为发怒。

从心从奴，为什么可以会意发怒生气的意思呢？奴是什么？奴是奴隶。奴隶是听命于他人、不能左右自己行为的人。人在发怒生气的时候，心已经不受自己的控制了，而是沦为情绪的奴隶。

孩子犯错的时候，家长如何做到不发怒，冷静地面对孩子的错误呢？这还是需要向圣人学习。

> 哀公问：“弟子孰为好学？”孔子对曰：“有颜回者好学，不迁怒，不贰过，不幸短命死矣！今也则亡，未闻好学者也。”（《论语·雍也》）

鲁哀公问孔子弟子当中谁最好学。孔子说，我的学生当中有一个好学的，叫颜回，可惜不在了。现在没有好学的了。

大家知道，孔子是伟大的教育家，有弟子三千，其中贤者七十二，还有几位弟子被尊为圣人，比如“复圣”颜回、“宗圣”曾子等。在这一众弟子中，孔子只认可颜回是“好学”的，为什么呢？

孔子用六个字给“好学”的学生下了一个定义——“不迁怒，不贰过”。什么是“不迁怒”？犯了错误，不去找客观的理由，不去埋怨别人，先从自身找原因，这就是“不迁怒”。什么是“不贰过”？犯了错误之后，家长、老师、同学们指出来了，就立刻改正，不再犯相同的错误，这就是“不贰过”。

“不贰过”是不再犯相同的错误，并不是不能犯错误。每一个人的成长，都是在改正错误的过程中实现的，犯错是学生成长的必然经历，也是学生的权利。

显然，圣人眼中的“好学”学生与我们所想的不一样，这是值得我们深思、反省的地方。

孟子讲过一个非常有趣的故事：

> 今有人日攘其邻之鸡者，或告之曰：“是非君子之道。”曰：“请损之，月攘一鸡，以待来年，然后已。”如知其非义，斯速已矣，何待来年？(《孟子·滕文公下》)

意思是有一个小偷，每天都去偷邻居家的鸡，有人提醒他这样做是不对的。于是小偷改变了“策略”，狡辩道：“那我就每月偷一只鸡，到了明年再金盆洗手。”孟子认为，既然知道偷鸡是错误的行为，为什么不立刻就改，还要等到来年呢？

犯错是孩子的权利，家长要尊重；但一直犯错就有问题，家长要引起重视，一定要想办法帮助孩子改错。当然，帮助孩子改错，不能简单粗暴，需要用聪明智慧。下面这则故事或许会给我们带来一些启发。

梁启超在很小的时候就对诗词歌赋颇为擅长，远近闻名。有一次，他跟着父亲到朋友家里去做客，刚进院门，就看到一棵繁花盛开的花木。梁启超顿时心生喜爱，于是偷偷地折了一枝，藏在袖子里面。孰料这一切被梁父悉收眼底，只是他选择了不动声色。过了一会儿，在宾客们把酒言欢之际，有一位朋友说，老梁啊，我们都知道你家孩子聪明，诗词歌赋无一不通，能否借此机会对个对子，展示一番？梁父听了心中一动，太好了！教育孩子的时机到了，随后便出了句上联让儿子对：

袖里笼花，小子暗藏春色。

梁启超一听，坏了！原来父亲已经看到自己折花了。父亲这是借着对对子来批评他。于是他恭谨地对了下联：

堂前悬镜，大人明察秋毫。

试想一下，如果我们带着自己的孩子到朋友家里做客，孩子做了不该做的事情，我们会怎么样？最常见的反应就是将孩子呵斥一番，命令孩子道歉。但是，梁父懂得给孩子留下改错的空间和尊严。这件事情给梁启超带来很大的影响，他体会到在教育孩子的过程中，尊重和智慧的力量更胜棍棒，而他自身也成为父母中的典范，并造就一段“一门三院士，九子皆才俊”的佳话。我们做家长的，经常犯的一个错误就是在帮助孩子改正错误的过程中，不知道尊重孩子。表面上看，孩子错误的行为似乎得以纠正，但心灵深处早已受到伤害。被戳痛自尊心的人，很难以昂扬挺立的姿态展现于众。

八、为什么要让孩子吃点苦

现在我们的生活条件好啦，孩子又少，往往是一家人围着一个孩子，如众星捧月般。这自然是孩子的幸福，只是我们对孩子的爱，常常是太过了，我们已经习惯不让孩子吃一点苦。

我小的时候，父亲把我送到学校，告诉老师要严加管教。到了送自己孩子上学的时候，我是百般不放心，对老师各种叮咛嘱咐，拜托他们一定要照顾好我的孩子。曾经因为不能忍受孩子在体育课上遇到磕碰，而去学校找老师理论，给学校施加了不应该的压力，学校被迫减少体育活动。慢慢地，我们的孩子成了课间十分钟都走不出教室的孩子。

教育不仅仅是教育局、学校、老师们的事情，家庭、学校、社会应该充分发挥各自的功用，形成教育的合力，为孩子提供更加良好的教育空间，让教育遵守教育的原则。

《教育蓝皮书：中国教育发展报告（2018）》指出，中小学生自杀问题已成为不容忽视的严峻事实。根据 2016 年 10 月至 2017 年 9 月的网络公开信息，儿童、青少年自杀死亡及自杀未遂有 392 例，其中明确标注为中小学生的信息有 267 例。归纳中小学生自杀的主要原因，大致可以分为：家庭矛盾（72 例，33%）、学业压力（55 例，26%）、师生矛盾（35 例，16%）、心理问题（21 例，10%）、情感纠纷（11 例，5%）、校园欺凌（9 例，4%）、其他问题（12 例，6%）。

早在2014年的《教育蓝皮书：中国教育发展报告（2014）》中对中小学生自杀案例的调查显示：留有遗书的中小学生大多在遗书中表达了对生命和亲情的眷恋、对死亡的恐惧。

对生命有无限的留恋，对父母有没有说出口的爱，最终却还是选择了死亡。这是为什么呢？原因其实很简单：在孩子需要活下去的力量的时候，家长迟到了。

家长应该给予孩子战胜困难的力量！首先，家长自己要坚强，给孩子树立一个好榜样。其次，在孩子遇到困难的时候，少讲道理，多讲方法。当然，更重要的是把功夫做在事前。怎么做呢？减少外在的压力，增强内在的抗压力。

我们来解一个字。

这个字大家都认识：忍。老话常说“忍”是心头一把刀，若是细究起来就会发现，这句话其实有问题。忍，从心从刃，心字头上的这把刀上还有一点。刀上加一点是什么意思呢？造字的古人提示我们，他说的刀不是刀的整体，而是指刀用来砍东西的那部分——刃。“忍”是会意字，它的本义有两个：一是忍耐，一是残忍。一把刀砍在你的心上，给你带来痛苦，你能够挺得住，便是忍耐；如果这把刀砍在别人心上，给他带来痛苦，你看见了还能够挺得住，那不是忍耐，而是残忍。

孩子的成长，需要韧性。韧性的培养，需要多吃一点苦。

> 故天将降大任于是人也，必先苦其心志，劳其筋骨，饿

其体肤，空乏其身，行拂乱其所为，所以动心忍性，曾益其所不能。(《孟子·告子下》)

孟子说，上天要把重任降临在哪一个人身上，一定要先磨砺他的心志，劳累他的筋骨，使他的肌体饥饿，令他的身子困乏，扰乱他的行为，以此来振动他的心灵，坚韧他的性格，增加他所缺少的才能。

"动心忍性"，是成长的营养。孩子的成长与发展，不能脱离两个环境：一个是自然环境，一个是社会环境。家长要让孩子体验自然的伟大与无情，体验人情的温暖与冷酷，以此来坚韧他们的性格，增强他们内在的抗压能力。有了内在的抵抗压力的能力，在面对问题的时候就不会逃避、退缩，而是主动地迎接它、解决它。

九、如何教孩子交朋友

孩子慢慢地长大了，交朋友也成了家长头疼的问题。如何交朋友？交什么样的朋友呢？

子曰："主忠信，毋友不如己者，过则勿惮改。"(《论语·子罕》)

孔子说："君子要崇尚忠诚信实，不要与不如你的人交朋友，有了过失，不要怕改正。"

有人说，这就出现了一个悖论，若是人人都不与比他差的人做朋友，那就意味着我们大家都没有朋友了。

怎么理解“毋友不如己者”呢？首先我们要知道什么是“友”。

《说文解字》：“同志为友。从二又。相交友也。”“友”是两只手，而且这两只手是同向的。同向产生合力，所以我说，“友”是向善的伙伴。孟子就曾明确说：

> 友也者，友其德也。(《孟子·万章下》)

交朋友不是为了吃吃喝喝，而是为了学习朋友身上的优点、德行。

“毋友不如己者”，需要我们发现别人身上的优点、长处。钱穆《论语新解》对这句话的阐释是：

> 师友皆所以辅仁进德，故择友如择师，必择其胜我者。能具此心，自知见贤思齐，择善固执，虚己向学，谦恭自守，贤者亦必乐与我友矣。

什么是教子之要道？我们去看一看《说文解字》对“教”字的解释：

教，上所施，下所效也。

上面怎么做，下面就怎么学；父母怎么做，孩子就怎么学；这就是“教”。

笔者曾在网络上看到两组图片，第一组包含两幅画，第一幅画描绘了这样的情景：

在一个雨天，一位年轻的母亲带着孩子外出，偶遇一位拾荒的老人。老人佝偻着身子，淋着雨蹒跚而行。这位母亲毫不犹豫地走上前，把雨伞遮在老人的头顶，而另外一只手下意识地护住孩子的头。

我想，这样的画面不仅会印在路人的脑海中，也会在那个孩子心里引起回响。所以说，如果我们家长是内心有爱、温暖的人，在孩子那里必然会引起回应。

第二幅画中，一位母亲斜歪在列车座位旁边的扶手上，似乎已经睡着，她脸上的疲惫不禁让人联想到生活里的奔忙之苦。在她身旁，还有一个十岁左右的男孩，一手紧抓扶手，另外一只手垫在妈妈的头部，生怕妈妈被硌着了，在他略显稚嫩的肩膀上还挂着妈妈的手提包。面对这样的情景，相信每个人都会为之动容。

第二组图片同样包含了两幅画。第一幅画里出现的是正在排队有序上、下高铁的成人；对应的第二幅画中则是正在排队登车的小学生。这些小学生们似乎要去旅游，脸上挂着激动、兴奋的笑容，身子使劲往前倾，恨不得一下子跳进车里。尽管如此，这些孩子并没有出现任何争抢的行为，而是有秩序地登车。我想，这和孩子们平时的耳濡目染不无关系。

总而言之，我们从《论语》《孟子》中寻找教子之道，最终还是要回到家长自身——家长是孩子的第一任老师，家长的行为是孩子远行的灯塔。

家和万事兴

徐　爽

古往今来，“家和万事兴”这句话深入人心。想要“家和”，就要涵养家庭成员的德行。儒家认为人应具备四种德行——仁、义、礼、智。孟子认为，人一生下来就有了仁、义、礼、智的种子，这四颗种子可以称为“四端”，即“恻隐之心，仁之端也；羞恶之心，义之端也；辞让之心，礼之端也；是非之心，智之端也”。人与人之间的差别，就在于对这“四端”的扩充、发展上。一个家庭若能扩充、发展好这四颗种子，让其根深叶茂，就能达到兴家教子的最高境界。

一、仁，兴家立业

一个“仁”字，贯穿了中国人“修身、齐家、治国、平天下”的人生追求。关于什么是“仁”，孔子给出了多种答案，比如“仁者爱人”“己所不欲，勿施于人”。孟子提出治理国家要行仁政，“民为贵，社稷次之，君为轻”。儒家思想博大精深，“仁爱”学说通过家训教化、蒙学读物的传播来实现它的世俗化。直到今天，“仁”依然是通行社会的法则。

在中国，“家和万事兴”的思想贯穿古今。按照现在的说法，家是讲爱的地方，发挥好“仁”的作用，处理好家庭成员之间的关系，就能达到“家和”。

俗语“有其父必有其子，有其母必有其女”，很好地诠释了父母对孩子先天和后天的影响。而“三岁看大，七岁看老”则告诉我们，家庭是“第一场所”，也是“核心场所”，担负着为孩子人生“打底色”的重要使命。那么，家长要如何给孩子的人生打好底色？用仁爱。

儒家告诉我们：“仁”能解决一切问题。孔孟一生志在修身安民，走的就是一条“仁心、仁义、仁人、仁政”之路。

《三国志》记载蜀国皇帝刘备教育子孙涵养爱心的故事，刘备在死之前告诫儿子：“勿以恶小而为之，勿以善小而不为。”清代“扬州八怪”之首郑板桥在“万般皆下品，唯有读书高”的社会里，居然认为：“读书中举中进士做官，此是小事，第一要明理做个好人。”古人的许多家训还要求家人不仅要有仁爱之心，更要有切实的行动。记载康熙皇帝对皇族子弟的训诲的《庭训格言》中谈到，康熙帝从小喜读医书，凡是他试用过的药和能把人治好的药方，他都要告诉别人。他要求子弟将他从各地得来的药方牢记在心，因为他唯一的希望是造福更多的人。袁采的《袁氏世范》告诉家人，购置田产当存仁心，不可乘人之危压低价格；将人之妻、之女买来做奴婢，一旦合同期满就要送还其夫、其父母；未嫁人的女子，不能擅嫁他人，以免与家人长期分离。《郑氏规范》等家训还谈到，若无疾病等原因，不许给孩子请乳母，以免使乳母的孩子忍受饥饿，不能得到很好的照顾。

在宗法社会里，古人的家训在倡导内睦家齐的原则之外，还强调外睦相济，并且对此十分重视。清代官吏蒋伊的《蒋氏家训》要求子弟和睦邻里乡亲，不要与乡邻发生争执。曾国藩告诫家人，“富贵之家不可敬远亲而慢近邻”，因为“居官不过偶然之事，居家乃是长久之计”。明代东林党首领高攀龙在家训《高子遗书》中告诫子弟，乡亲邻里与我一律平等，不能恃强凌弱，欺负穷人。

综合来看，这种家训伦理文化的仁爱理念，除了修身齐家的私德传统，也体现在救难济贫、乐于助人的公德传统方面。古代的思想家们无不强调仁与爱的统一，认为离仁则无爱，离爱则无仁。仁爱的根本要求是爱人、助人、利人。

周恩来从小家庭教育就给了他善良的本性。周家的《家训》讲：“谦退和平，安分守已。”周恩来投身革命后，将这种平和谦退之心扩充为对同志、对人民、对事业的敬爱，一种以天下为己任的非凡大爱。他对所遇之人，只要不是战场上的兵戎相见，都给予真诚帮助。他大爱为民，常说：“我们的一切工作都是为了人民的。”

都说孩子命，家注定。除了上面提到的直接的仁爱教育，家长的行为方式也会影响孩子的思维方式。夫妻恩爱育神童，反之，如果夫妻关系失和，一定会让孩子分心。那么，如何处理好夫妻关系呢？

1. 有爱才有家

首先，父母对子女的爱，是“真爱”，不是“溺爱”。作为父母，要“爱而知其恶”。《礼记·曲礼上》云：“贤者狎而敬之，畏而爱之。爱而知其恶，憎而知其善。”父母疼爱孩子，这本身没有错，但最关键的是应该弄明白，什么才是真正的爱。心疼孩子，却不懂得怎样教育孩子，孩子往往任性而孱弱，败己破家的情况十分常见。

从古到今，关于教子有不少令人痛彻心扉的失败案例。这些失败案例大都有一个共同的特点：父母对孩子的错误视而不见、姑息迁就，于是孩子在溺爱中走上歧途。

不久前，某市就发生了一起让人痛心的案件：在英国留学的黄某，回国后因为再次出国的事宜，与父母发生争执，矛盾不断激化，最终杀死了自己的父母。黄某的父母，一个是律师，一个是大学教授，在这样一个知识分子家庭，竟然发生了如此惨案，令人唏嘘不已。心理学家剖析认为，此种问题的源头是父母的情感倒置。父母对孩子的溺爱，就是情感倒置。

其次，父母要传递爱。唐宋八大家之一柳宗元的父亲柳镇和母亲卢氏，就是一对善于传递爱的夫妻。安史之乱使柳家受到了重大冲击，一家人逃难到南方，柳氏宁愿自己挨饿也要供养柳家亲族，而卢氏也从不抱怨丈夫。这种爱的家族德风，也熏陶了柳宗元良好的品格。

反观当代家庭，不愁吃喝，却有许多夫妻因为一些琐事闹得不可开交。有媒体报道，一对年轻夫妻在机场因为家务事吵架，将两岁孩童独自扔在机场然后各奔东西，吓得孩子瑟瑟发抖。这样的夫妻心里没有爱的种子，遑论当好父母。

经常有人这样说：“我是在当了父亲之后才学着怎样当父亲

的。”许多准父母会阅读一些“育儿指南”，但事实上只有真正当了父母之后，从实际操作中才能了解做父母的真谛——“成为父母”本身便是一种“知行合一”的过程。王阳明说：“知是行的主意，行是知的功夫；知是行之始，行是知之成。”因此，在家庭教育方面，亦知亦行，知行合一，才能真正成为让子女引以为豪的父母。

2. 奉献才是爱

前不久，某中学班主任徐老师遇到一件棘手的事，她把这件事写进了自己的教育日记中。

一天，徐老师接到班里一位学生家长的电话，说他儿子又不来上学了。这个孩子最近两周进步很大，能够按时到校，能够完成作业，能和家长交流……为何又出现如此状况？在倾听家长叙说后，徐老师大致了解到：孩子在数学课上偷玩手机，老师发现后告诉了家长，父亲觉得丢颜面，对孩子大打出手；而母亲一边是对孩子过分放纵、偏袒，一边是对家务事不闻不问。结果这位父亲气得血压飙升，做母亲的却无动于衷。这种处理问题的方式何谈亲情？又如何起到榜样的作用？

徐老师用“问题家长”来描述这个孩子的父母，我看绝非夸大其词。这对夫妻教养方式上的“同床异梦”必然会导致孩子成长的迷失，问题不小。他们身上最大的问题，是缺乏奉献的觉悟。在这样的家庭关系中，孩子如何能获得正确的人生导向呢？父母是孩子人生的“导航仪”，一言一行、一举一动都会对孩子产生深远的影响，有些方面还是根深蒂固的，会影响孩子的一生。

面对这样的家庭、这样的问题父母，老师也只能是尽力而为，毕竟再负责任的老师也替代不了父母的角色，代替不了父母对孩子的示范和影响。这位中学老师针对这个家庭的情况，提出了自己的意见。她建议每一位家庭成员都要改变，要学习，更要互相关心和支持，共同创造和谐的家庭环境，否则孩子的问题很难解决。所以家庭成员讲“仁爱”，其实包含了两个方面：自爱和爱他人。

作家柏杨说：“为了爱情的继续，婚姻的美满，妻子固要取悦丈夫，丈夫也要取悦妻子，至于如何取悦，乃是一种高级的艺术。”夫妻间如何取悦对方？取悦就要讲奉献——夫妻同心，其利断金。

二、义，人之正路

孟子曰：“仁，人之安宅也；义，人之正路也。”南怀瑾先生解释说：“仁”是“安宅”，等于我们的家，我们身体疲劳了，回家上床休息，这个床是我们的“安宅”。那么，除了物质的房子，我们还有精神的房子、精神的床铺，就是随时随地心都住在“仁”的境界。那什么是“义”？人行走在马路上，马路是物质世界的；我们精神世界的修养也有一条“正路”走，就是“义”。

“义利之辨”是每个人都必须面对的大问题。《孟子》开篇便是“义利之辨”，孟子倡言：见义舍利。“义”是浩然之气成长所需要的养料，是在大是大非面前进行抉择的正确标准。

对于一个家庭而言，每一位家庭成员都以“义”字担当，这个家庭必定会兴盛发达。

1. 丈夫有担当

同为大文豪的苏洵、苏轼、苏辙三父子，引领了千年风骚。苏轼的母亲程夫人相夫教子的故事被后人广为传颂，成为千年佳话。

苏轼的父亲苏洵，天性寡言，禀赋颖异，思想独立。母亲是青神县程家大小姐，自幼熟读诗书，贤淑远近闻名。苏洵因不受声律句读之束，赴京考举不中，便整天沉浸于茶楼酒肆间游荡不学，荒废学业。程夫人看在眼里急在心里，她一方面深深理解丈夫的苦痛心境，另一方面又不断劝导和支持苏洵从沉沦中解脱出来。一天，醉酒回家的苏洵看到妻子正在教儿子读经典，惭愧不已，二十七岁的他决心开始发奋读书。程夫人当即说："你有这样的志向，养家之事，就交给我吧。"程夫人租了间宅子做布帛生意，几年下来积累了一笔财富，彻底改变了家里的经济状况。这便是广为流传的《三字经》中所提到的"苏老泉，二十七，始发愤，读书籍"。

2. 妻儿要勤俭

曾国藩在金陵做官时给妻子写了一封信，大意是：我不想长久地当这个官，也不想把全家都接到金陵来。夫人带着儿子、儿媳住在家里，必须每件事都立个规矩。做官不过是一时的事，住在家里才是长久的事。能在勤俭耕田、勤奋读书上开创一个好局面，即使哪天罢了官，还是一番兴旺的景象。

从信中内容可知，曾国藩一人在外为官，妻子带着儿女在老家居住，耕种、纺纱织布、亲手缝制衣服，里外操持。可以说，欧阳夫人勤俭持家，培养子女，是家道福运长久的重要保障。

可是当代家庭中的父母，在给孩子提供优渥生活条件的同时，忽视了“精神食粮”的供给。近几年，网络上报道青少年自杀案件频频发生，并且逐渐低龄化，从大学生到高中生，已经蔓延到了小学生。花样年华为何频频自杀？问题出现在孩子身上，根源却在大人身上。现行教育过于功利化，老师盯着学生的学习成绩，每日耳提面命，要求学生考个好分数；家长盼着孩子考上好学校，是为以后能够有个好出路。但生命的价值远远不止这些。家长和学校老师都有责任教育孩子，珍惜拥有的一切美好事物。

但是由于长期以来教育一直被“功利”所包围，生命教育反而成为教育的盲点。正因为生命教育的缺失，孩子才不知道生命的可贵，也不知道爱惜自己的生命和尊重他人的生命。生命教育应该是教育的一部分。生命教育不应该等孩子长大后才开始，作为家长，应该从小就让孩子知道生命的意义。

两千多年前的孟母，为我们树立了认识“后天成才”的旗帜。孟母告诉人们，孩子能否成才取决于后天的教育和引导。在孟母之世，“天命论”大行其道，孩子有点出息要靠祖宗荫德、上天赐福。孟母却认识到孩子学好学坏与环境和后天努力关系极大，并不惜举家三迁，且辅以训诫，引导孩子明大义、识大体、讲担当。她对孟子说：鸡能司辰打鸣，狗能看家护院，做人要讲情和义，要心怀天下。孟母是在教子立志要为国担当，为国成才。

三、礼是规矩

俗话说：国有国法，家有家规。中国自古就被称作“礼仪之邦”，礼是中国传统文化的核心所在，是中国社会的基本精神，对中国社会历史发展起了广泛深远的影响，其内容十分丰富。礼所涉及的范围十分广泛，几乎渗透于社会的各个方面。

中国古代的“礼”和“仪”，实际是两个不同的概念。“礼”是制度、规则和一种社会意识观念；“仪”是“礼”的具体表现形式，它是依据“礼”的规定和内容形成的一套系统而完整的程序。孔子曰：“不学礼，无以立。”礼敬是做人兴业之本。孟子曰：“辞让之心，礼之端也。”辞让之心是礼的发端。

“礼”是个人内在修养和气质的外在表现。“礼”不仅仅是一种能力，更是一门学问、一种艺术。在一个家庭当中，最重要的关系是夫妻关系，因为其他家庭成员关系都是由夫妻关系衍生而来的。好的夫妻关系是情投意合、互补长短，男强女就得弱，女强男就要弱，就像中国的太极图，这是男女结合的基础，也是夫妻和谐的关键。夫妻之间通过“礼”不断调整，求同存异，达到阴阳平衡、阴阳和合了，家庭才和顺。

其实“阴阳和合”之道，不仅是指导夫妻和谐相处的良方，同样也是家庭教育的法宝。很多家长都曾问我：孩子进入叛逆期，不听话了，父母应该如何应对？不妨也试试这“阴阳和合”之道。夫妻二人统一思想，在孩子面前一个唱红脸儿，一个唱黑脸儿，软硬兼施，刚柔并济。夫妻、亲子相处就像做瓷器活，没有“金刚钻”，还真做不了。这“金刚钻”，就是“打太极”。

1. 夫妻要互敬

夫妻之间要互敬，才能保持和谐。周恩来和邓颖超，就是夫妻互敬的楷模。有很多人问及他们夫妻之间感情深厚的秘诀，邓颖超总是说，因为他们在生活中始终遵循“八互”原则，即互敬、互爱、互助、互勉、互信、互慰、互让、互谅。

可是看看现代家庭的一些夫妻，动不动就闹离婚，谁也不让谁，更不要说互敬了。前不久，某社区楼长忙着给一对吵架的夫妻做调解，这对夫妻竟因为抢厕所拌嘴而闹起了离婚，不禁让人惊笑不已。

其实，父母的教育智慧就是不断改变家庭中的自我。有两句话值得我们家长记住：第一句，父母改变 1%，孩子改变 99%；第二句，关系重于教育。

2. 孩子有敬畏

由孔子创立的儒家文化有两项内容最为核心、最为关键：一是仁爱精神，二是敬畏观念。孔子说：“君子有三畏：畏天命，畏大人，畏圣人之言。”所说的就是人应当心存敬畏。

犯罪心理学家李玫瑾教授在她接触的犯罪案件中发现，犯罪与社会地位、金钱和学历无关。在分析青少年犯罪行为时，李教授多次提到，人犯罪的原因是没有敬畏之心。

2020 年 6 月，东莞樟木头镇 4 个孩子，在小区用石子划伤了 45 辆轿车，其中不乏林肯、宝马、奔驰等好车。家长一开始都不肯露面，直到车主报警，警方通过监控录像将他们招来，他们才承认此事。但是，其中一个家长的话让人匪夷所思：“这个钱物业来赔，我们没有责任，我们的责任是没有看管好孩子。买这么好的车，还修不起车吗？”可见，正是大人的袒护与不计较，让调皮的孩子有了做坏事的底气。

最近在网络上看到一段视频：某市一家书店里，大家都在安静地看书，唯独一个男孩在大声念英文。旁边的妈妈完全无视墙上“请勿大声喧哗”的温馨提示，任凭孩子大声地朗读。服务员好心上前提醒孩子，孩子却用手指着服务员说：“我来了这么多次，就你！你信不信我抽你！”孩子对服务员出言不逊，并且重复说了很多次，一旁的妈妈完全没有制止的意思，反而对服务员说：“他还是个小孩，你忙你的。”妈妈的冷漠与袒护令人惊叹。

一位网友这样评论：“这样的孩子，英文读得再好有什么用！”一些父母认为，孩子小的时候不懂事，等长大了就慢慢变好了。这些借口成了滋生罪恶的摇篮。卢梭说：“你知道运用什么方法，一定可以使你的孩子成为不幸的人吗？这个方法就是对他百依百顺。”孩子终归要独自走上社会的，你可以纵容他，但社会不会、法律不会，等待他的，终将是严厉的惩罚。

清代著名文学品评家王永彬在《围炉夜话》中说：“立身之道何穷，只得一敬字，便事事皆整。”为人处世，只要处处存有敬意，便能理顺所有头绪。《围炉夜话》这部儒家通俗读物，分别从道德、修身、读书、安贫乐道、教子、忠孝、勤俭等多个方面，在平淡而优美的叙述中，娓娓道出了琐碎生活中做人的道理。古人认为雪夜拥被读书和围炉夜话乃人生的两件乐事，对现代人来说，送走喧嚣的白昼，能炉边灯下静读，又何尝不是至乐？

四、智者不惑

“智”通“知”，有两层意思：动词指认知，名词指知识、智慧。掌握知识并善于思考人生的人，就可能成为“智者”。“智者”不仅知识丰富，而且聪明智慧，所以孔子说“知者不惑”。

在家庭教育中，作为父母的教子智慧不是重分数，而是重德。儒家首重德，故国无德不兴，人无德不立。中国自古就讲求德政、德治、德礼、德行。“德”字，不仅是立身之本，也是立国之基。一个人在社会上行走，靠什么赢得人心？靠德。德是什么呢？老子说：“道生之，德畜之。物形之，势成之。”庄子说：“有一而未形，物得以生，谓之德。”管子说：“德者，道之舍，物得以生，生知得以职道之精。故德者，得也。”用今天的话来讲：德，是规则。不同的规则，好比不同的模具。一个个不同的模具，塑造了世间万物。那么，德育有什么用呢？父母播下了种子，种子生根发芽，能否茁壮成长，就要看是否根深本正了。根深本正才能枝繁叶茂。小树苗如果长歪了，我们要用外力扶正它。对孩子亦是如此，德育就是我们用来防止孩子长歪的工具。

1. 德要从小扎根

《易经》里有一句重要的话：“蒙以养正，圣功也。”中国圣贤德行的基础在何时开始扎根？从小时候。“苟不教，性乃迁”，小时候不教，长大之后再想把他拉回来就很困难了。

红顶商人胡雪岩自幼家境贫寒，靠父亲做小买卖维持生计，母亲虽然体弱多病，但一直要求胡雪岩做个好人，不贪身外之财。13 岁那年，他给地主放牛，来到路边供过往之人休息的凉亭歇脚，发现凉亭里面有一个很重的包袱。打开一看，竟是一袋子的金银珠宝。胡雪岩家里面虽然穷，但母亲的教导使他挡住了诱惑。他坐在原地等丢包袱的人来找。包袱失而复得，失主很感激胡雪岩，于是问他愿不愿意去钱庄当伙计。胡雪岩征询了母亲的意见之后，去钱庄开始了他的职场生涯。

胡雪岩做事勤快，老板故意弄丢碎银来考验他，他看到之后，把碎银交给了老板。老板膝下无儿无女，又认定胡雪岩的人品，于是将自己的钱庄交给胡雪岩打理。在胡雪岩的努力经营下，钱庄的生意越做越大。

以古观今，今天的教育之所以存在种种的不足，其中一个很重要的原因便是德育的偏失。而德育出现偏失，一方面源于父母身教没有做好，另一方面也源于社会干扰因素太多。

深圳某小学开设传统文化课程，从一年级开始学习圣贤教诲。这些孩子见到所有的长辈都鞠躬九十度，这让很多长辈看了很欢喜。有个一年级的孩子跟着父母参加家族聚餐，菜上来了，长辈们都动手夹菜给他，孩子对全桌长者说：“我是小辈，好吃的应该先给长辈品尝。我还要感谢父母养育之恩，感谢老师辛勤教诲，感谢农民辛勤劳作和所有付出的人。”这些长辈听了孩子的一席话，非常高兴。

孩子的成长是一个渐进的过程，正如自然界中一切生命的春种、夏长、秋收、冬藏的生长过程一样，有其内在的自然规律。孩童正处在人生的春天阶段，心中播下种子，将来才可能获得收成。这个种子就是未来做人的基本素质，也就是德行的扎根教育。

2. 德能收获明天

曾国藩曾说：“吾人只有进德、修业两事靠得住。”他把德行和事业视作人生的根本。

山东琅邪王氏家族的第一代人物，是西汉时期的大儒王吉。王氏家风的奠定者是“卧冰求鲤”的王祥，他是王吉以下的第六代子孙。王祥临终前留下“五至”遗训：“言行可覆，信之至也；推美引过，德之至也；扬名显亲，孝之至也；兄弟怡怡，宗族欣欣，悌之至也；临财莫过乎让。此五者，立身之本。”信、德、孝、悌、让的“五至”遗训是琅邪王氏家族子弟为人处世的基本准则。诚信做人，诚实做事，孝敬长辈，兄弟之间互相爱护，不过分看重钱财，这样才能保持家族和睦兴盛。

清末民初的民主革命家、思想家章太炎，在经学、史学、文学等诸方面都有很深的造诣，被尊为经学大师。他在为子孙留下的遗嘱中讲道：“凡人总以立身为贵，学问尚是其次。不得因富贵而骄矜，因贫困而屈节。”章太炎自己学识渊博，却嘱咐子孙学问不是第一位的，要把“立身”放在第一位。“立身”即“立德”。章太炎一生要求自己“知耻、重厚、耿介、必信”，晚年更是主张应以范文正、顾亭林两位先生作为立身、行己、为学、做事的标准。

古来有所成就的人物，大多注重修养自身德行。德行成就了，事业就成就了。所以，教育孩子当注重德行，而非成绩。德才是人的灵魂，是立身之本。一个人的德行好坏，直接影响他一生的成败。

《中庸》中说：“国家将兴，必有祯祥。”国家如此，家庭更是如此。如果一个家中所有成员都拥有“仁、义、礼、智”的美好品德，那这个家庭必然能和谐发展，家庭氛围必然有利于孩子成长。一个家庭既要有德行传承，又要各尽其责，共同努力，振奋精神，才能达到“家和万事兴”的理想状态。

让孩子爱上学习

王相雷

望子成龙、望女成凤是我们每一位家长的共同心声，可能每一位家长心中成龙成凤的标准不一样，但目的是一样的，都是为了让孩子成才、成人、成功。

校园里，有时我们会看到这样的画面：一群家长围在通告栏前，睁大眼睛搜索成绩单上自家孩子的名字，眼神充满期待与焦虑。为什么焦虑呢？

我们国家现在的人才选拔方式主要还是考试，其中就包括中考、高考。尽管有很多人说中考、高考有这样那样的弊端，但就目前而言，还没有一种更合理的方式能取代它。既然如此，那么我们就要按照中考高考的规则来培养我们的孩子。

孩子要参加中考、高考的选拔，学习成绩就是家长非常关注的一个方面。我曾经在课堂上做过一个测试，让各位家长写出关于孩子的学习所联想到的5～10个词。虽然有一部分家长对孩子的学习较满意，但是更多的家长写出的是焦虑、苦恼、压力、头大、无奈、粗心、马虎、磨蹭、不可救药……

这些词无一不彰显家长们的焦虑。毫不夸张地说，许多家长自孩子一出生就开始焦虑：怎么进一个好的幼儿园，怎么进一个好的小学，怎么进一个好的初中、高中，怎么考一个好的大学，怎么找一份好工作。这一切都离不开孩子的学习成绩。

如何让孩子爱上学习？可以从三个方面着手。

一、跟我学，榜样引领

让孩子跟家长学，家长做孩子的榜样，引领孩子学习。

寂静法师是一位智商非常高的法师，有一次，他接受采访的时候和观众互动。

观众：请问法师，我的小孩不听话、不爱学习怎么办？

法师：您影印过文件吗？

观众：影印过。

法师：如果影印件上面有错字，您是改影印件还是改原稿？

观众：……

法师：原稿和影印件同时改才是最好。父母是原稿，家庭是影印机，孩子是影印件。孩子是父母的未来，父母更是孩子的未来。

这就是大家经常提到的原件和影印件的问题。

孟子研究院家长学校的口号就是“父母好好学习，子女天天向上”。因为父母是孩子最好的榜样，父母是孩子最好的“范本”。在教育孩子成长的过程中，对孩子影响最大的并不是我们家长为孩子做了什么，而是我们家长自己成了怎样的人。教育孩子最好的方式，是给予孩子榜样的力量，也唯有当你自己成长得足够优秀时，你的孩子才会站在你的肩膀和格局之上，达到更优秀的层次。

我们都知道身教重于言教，要言传身教。我们在教育孩子的过程中出现了很多的问题，却把责任一味地归在孩子的身上。其实不是孩子不优秀，而是父母太落后，是我们在教育方式上出现了问题，我们忘了自己的成长。

有一位著名的央视节目主持人，她生完孩子以后也有一段时间感到非常困惑。她曾在一期电视节目中说："你希望自己的孩子成为什么样的人，你就首先要去做一个什么样的人。""我不想放弃自我成长的可能，我不能因为生了孩子就让自己止步不前。""我要努力把自己变得更好，这样在孩子长大成人后，在他真正懂得的时候，他会对我有爱，也有尊敬。"

你要给予孩子榜样的力量。你对待生活潦草应付，你的孩子便会嫌弃你；你对待生活热情饱满，你的孩子便会爱你敬你；你积极向上爱学习，你的孩子定然不会沉迷游戏、混沌度日……

在学习上同样是这样，孩子更需要具备榜样价值的父母。

这是一篇题为《我的妈妈》的小学生作文：

> 我有一个好妈妈，可漂亮了。
>
> 我妈妈很能干，天天上午跑步，下午游泳，晚上不吃饭，苗条得像一根树枝。
>
> 我妈妈也很爱学习，天天都学英语，她的书法字比老师写得还好。

我爱我的好妈妈。妈妈请您放心，相信我一定会减肥成功。

这是另一个孩子的日记：

我现在真的觉得我妈是个没有用处的人。

她从来不好好做饭，洗个衣服都要抱怨半天，每天都在家里睡觉、吃饭、化妆、玩手机，只有在我成绩发下来时说我几句。

她天天说别人的小孩有多好，却不说别人家的妈妈有多好。

我恨不得把她连她的手机扔出我家的大门，她真是个无用的中年妇女！

这是两位截然不同的母亲，前者为孩子树立了榜样，是孩子前进的动力，后者则成了孩子厌恶的对象。很多的家长特别是母亲，为了孩子和家庭，放弃自己的追求。那些企图控制孩子，希望以牺牲自我为条件换取孩子成功的父母，很有可能会牺牲掉自己的孩子。

有一个单身母亲，从儿子中考一直陪读到儿子考研。孩子两次考研均以失败告终。为了母亲，他还想再考，但严重的抑郁症使他无法正常学习。孩子持刀自残，母亲夺刀相救，结果误刺母亲，险些要了她的性命。这位母亲本来是一个性格开朗、工作干练的基层干部。她下决心进城陪读的时候，刚刚 40 岁出头。她拒绝再婚，辞掉工作，卖掉房子，把自己生命的全部都押在了儿子身上，结果却毁了孩子的人生。

牺牲式的付出，在现代家庭关系中很常见：一个人失去了自我，完全为了别人或者孩子而活，既压抑又隐忍，口头禅是“我还不都是为了你！”这种过度的牺牲不是爱，是不能承受的负担。牺牲意味着伤痛，意味着不公。只要有伤痛和不公，就会希望获得补偿；一旦想获得补偿，就会破坏两个人的关系甚至整个家庭的关系。牺牲式的付出不会给任何人带来幸福。

如果你以牺牲自我为条件换取孩子的成功，结果很可能不会如你所愿。台湾有一个短片，名为《茉莉的最后一天》。短片讲述了一个海归硕士妈妈，为了孩子，放弃了原本继续深造便能得到的教授职位。心有不甘的妈妈认为，只有把孩子培育成才，才对得起她的这份牺牲。她经常对孩子说的一句话是“你对得起我们吗？”孩子成绩考差了，她会骂；孩子考了第一名，她也不会满意：“你呀，不要太得意，要不是我这样盯着你，你以为你能考第一名吗？小心下次就掉下去。”在这种日复一日的高压状态下，原本品学兼优的女儿茉莉患上了严重的抑郁症。最终，16岁的茉莉因不堪忍受妈妈的斥责与吼骂，选择了深夜跳楼自杀。

很多家长，因为抗拒自身成长，而把成长的任务转嫁到孩子身上；因为不能接纳自己，对自己不满意，而格外要求孩子做到令人满意。没有一个孩子能够承受家长放弃自我的压力，因为他们稚嫩的肩膀扛不起成年人那份未完待续的追求与渴望。

相反，那些给孩子自由成长空间，同时不放弃自己的追求，努力为自己奋斗的父母，则会给孩子树立一个好榜样，使得孩子更健康更快乐地成长。

我谈一谈我是怎样教育我的女儿的。我的女儿本科上的是中南大学，大学毕业后保送到浙江大学读研。我从来没有让她上过任何辅导班，也从来没有看着孩子做作业。因为我经常看书，经常写文章，拿了稿费就带孩子买一些她喜欢看的书，也给自己买一些书。孩子从小就养成了读书、背书的习惯，初中就加入了邹城市作家协会，开始在报刊上发表诗文，高考时她语文考了 129 分，这都得益于她喜欢读书。

卢梭在《爱弥儿》中说："什么是最好的教育？……看不到教育的发生，却实实在在地影响着他们的心灵，帮助他们发挥了潜能，这才是天底下最好的教育。"《颜氏家训·慕贤》中说："潜移暗化，自然似之。"言教不如身教，家长要成为孩子学习的榜样，为孩子引领示范，与孩子一起学习成长。

二、陪伴学，养成习惯

陪伴是最好的教育。教育改革提出一个主张——共读、共写、共同生活，其基调就是陪伴。哈佛心理学教授吉尔伯特说："十年以后，你不会因为少做了一个项目而遗憾，但你会因为没有多陪孩子一个小时而遗憾。"

陪伴和陪着不是一个概念。有的家长说我天天在孩子身边，我是一个全职的母亲。但如果你没有和孩子进行心灵和情感的交流沟通，那只能是陪着而不是陪伴。

我曾经在网上看到这样一张照片：照片中一位父亲怀抱着一

个孩子，同时还在和另一个孩子交流，这是陪伴孩子；此外还有一位母亲，为了自己玩手机，也给孩子一个手机，她玩她的，孩子玩孩子的，这就不是陪伴，而只是陪着。

我们看下面这段题为《爸爸，我想对你说》的四年级小学生的作文：

> 爸爸，我一直想对你说：和我玩一会儿。每当我看到别人的爸爸带他们出去玩的时候，我是多么羡慕。我就只会看见你玩手机，玩手机。你就只会玩手机，你已经快不是我爸了，你快是手机的爸爸了。让爸爸陪我出去玩一会儿的时候，爸爸都会说："走开，别打扰我。"

很多年轻的父母自己沉溺于网络，怎么能教育好孩子？家长不读书，这是一个很大的问题。教育中最可怕的是什么？一群不读书的老师在教学生，一群不读书的家长在教育孩子。4 月 23 日是世界读书日，每年这个时候国家都要发布一个国民阅读调查报告。《第十八次全国国民阅读调查报告》显示：2020 年我国成年国民人均纸质图书阅读量为 4.70 本，人均电子书阅读量为 3.29 本，人均每天手机接触时长为 100.75 分钟，人均每天互联网接触时长为 67.82 分钟。我们用在读书上的时间和用在手机上、网络上的时间相比太少了，这是一个普遍的现象。

一个热爱读书的人必然会涵养出一种超越常人的独特的文化气质和儒雅风度。曾国藩说："人之气质，由于天生，本难改变，唯读书则可变化气质。"黄庭坚说："士大夫三日不读书，则义理不交于胸中，对镜觉面目可憎，向人亦语言无味。”腹有诗书气自华，有时间多读书，你身上带着一种文化的自信，脸上洋溢着一种书卷气，这对孩子的影响是无形的，也是巨大的。

工作再忙，也要想办法挤时间多陪陪孩子，这对孩子的成长至关重要。美国总统奥巴马的妻子米歇尔在一次演讲中说，奥巴马每晚都会和女儿共进晚餐。奥巴马自己说，他最自豪的事不是当上了美国总统，而是在长达 21 个月的选战中，他没有错过一次孩子的家长会。他说：“我不可能做一辈子的总统，却是孩子一生的父亲。”为了帮助女儿培养阅读习惯，他带女儿去书店，晚上为女儿读睡前故事，读完了七本《哈利·波特》。

梁启超虽然没能陪着孩子，但他一生所写的家书有 400 余封，超过百万字，对子女的为人、治学、立业等都给予了细致的指导。他既是孩子们的慈父，又是孩子们的导师、亲密的朋友。

英国教育家洛克说：“家庭教育非常重要，它不仅是基础性的教育，而且是主导性的教育。家庭教育给孩子深入骨髓的影响，是任何学校教育和社会教育都永远代替不了的。”

我和女儿也一直保持着交流，即便不能在她身边，也要保持一种情感上的沟通。女儿在浙江大学读研期间，她生日不能回来，我就写一首诗或者一篇小文章给她，让她感受到我的陪伴与爱。下面是我为女儿生日所作的《七律·女儿生日有寄》：

西湖六月风光好，
细柳香荷可泛舟。
昨日鳌头初有效，

今朝鹤立更登楼。
看清前路应无虑，
坚定恒心务亮眸。
岁月无情难再转，
春华莫使付东流。

我的诗友，菏泽的一位老先生，七十多岁了，读了我的诗之后和诗一首：

春华莫使付东流，
努力加餐更上游。
好趁青春超浣女，
更期盛世艳杭州。
纷纭世事难遮目，
过眼烟云少愧疚。
灵隐钟声催晓日，
扬帆万里占潮头。

我把自己写的诗与老先生的和诗一并发给了孩子，让孩子体会到父母虽然不在她身边，但父母的心时刻陪伴着她。

每次讲课，我都会问家长下面几个问题：

1. 你们自己热爱阅读吗？

2. 你们一周和孩子的亲子共读有几次？

3. 孩子小的时候，你们每天都给孩子讲故事吗？

4. 你们多长时间带孩子外出体验一次？

5. 你们怎样增强孩子的自信心？

6. 你们怎样培养孩子的注意力？

7. 你们怎样改掉孩子的磨蹭和粗心等不良习惯？

前面四个问题不需要讲，后面三个问题我做一下详细阐述。

关于自信心的培养，家长首先要认识到，自信是孩子成人、成才、成功的基石，自信是人的精神脊梁。一定要给孩子种下自信的种子，这是孩子迎接未来挑战必备的能力。

一个孩子反复遭遇失败的打击，很容易便成了差生。让一个差生变好的最有效方法便是反其道而行之，即让差生反复享受成功的喜悦。我们可以从电子游戏中得到启示。电子游戏只奖励不惩罚，目标细化，用的都是鼓励性的语言：“差一点就成功了，再试试看。”孩子为什么玩电子游戏会上瘾呢？他们在电子游戏中能得到尊重和肯定，每一点进步都得到赏识，有成就感和满足感。在现实生活中，学习上老是遭受打击，得到的是否定的评价，孩子就没有成就感。孩子在现实生活中得不到的，只能在虚拟世界中寻求补偿。

孩子如果在一件事上总是输给其他人，就会丧失继续下去的动力与勇气。要让孩子体验到成功的乐趣，有了乐趣才能长期坚持下去。

如何培养孩子在学习上的自信？从生活中的点滴小事做起。比如，在检查孩子作业的时候挑出彩的地方表扬几句，如果写得实在平淡，就夸写得规整。做题的时候，昨天错了 5 个，今天只错 3 个，这也是进步。欣赏孩子的优点，让孩子在一个和谐宽松的家庭环境中成长，孩子自然自信。

表扬孩子时要说明具体事由。比如，“听妈妈说，你今天背了10个单词，真了不起！能不能告诉爸爸是哪几个单词？”“这段时间你数学学得那么用心，果然有进步，比上次少错了两道题。”“你在画里为小狗披上了绿色的皮毛，这真是天才一样的奇思妙想！”“真棒，自己把看过的书都整理好，摆放在书架上了。”

不说命令的、恐吓的、消极的、否定的语言。比如，“你要是不听话，妈妈就不来接你了！”“你怎么一直都这么不懂事！在学校里再不许这样了！”“今天老师教的儿歌你怎么都不会，真够笨的！”“你是不是又不乖，不听话了？”

有一个非常著名的工笔画女画家，她的女儿非常优秀，考进了美国一所非常著名的大学。母亲在外人面前时常以女儿为骄傲，在女儿面前却非常苛刻，从来不当面表扬、鼓励女儿。她到美国看望女儿时，因为一件小事又和女儿发生了不愉快。女儿情绪到了崩溃的边缘，问妈妈：“我是不是永远都没法让你满意？”妈妈回答：“你觉得自己做得很好吗？”这句话成了压垮女儿的最后一根稻草，女儿从楼上一跃而下，当场死亡。

再来看一个父亲在放学接女儿回家路上的四个问题：

1. 今天学校有什么好事发生吗？

2. 今天你有什么好的表现？

3. 今天你有什么收获吗？

4. 有什么需要爸爸帮助的吗？

简单的问题背后蕴涵着丰富的含义。第一个问题其实是在调查女儿的价值观，了解她心里面觉得哪些是好的，哪些是不好的；第二个问题实际上是在激励女儿，增强她的自信心；第三个问题是让她确认一下具体学到了什么；第四个问题则有两层意思：一是我很关心你，二是学习是你自己的事。

下面谈一谈如何培养孩子的注意力。俄国教育家乌申斯基指出："'注意'是我们心灵的唯一门户，意识中的一切，必然都要经过它才能进来。"注意力是学习能力的基础，记忆力、自控力等这些与学习成绩息息相关的因素都受到注意力的影响，要培养孩子注意力的稳定性。

有家长常常把注意力不集中误认为是学习习惯问题。注意力不集中和习惯是两种完全不同的因素，习惯不需要思考，但注意力的本质是对意识、思维的控制，因此不能简单地把学习习惯不好和注意力不集中混为一谈。注意力是决定学习成绩好坏的必要条件，训练孩子的注意力非常重要。

注意力又是如何影响孩子的呢？喜欢的事会吸引孩子的注意力，因为有兴趣；确定的目标也会吸引孩子的注意力，因为明确的目标可以对行为起到约束作用。

如何判断孩子注意力是否集中？衡量注意力最直观的指标就是时间，为了完成一个目标，孩子能够坚持多久呢？研究表明：5~7 岁的孩子可以持续 10~20 分钟，8~10 岁的孩子可以持续 20~30 分钟，10~12 岁的孩子可以持续 30~40 分钟。

良好的专注力是孩子学习的有力保障。为了让孩子轻松地投入学习，作为家长，我们如何帮助孩子培养注意力呢？下面和大家分享五种培养孩子专注力的方法。

一是定量学习。让孩子在规定时间内分阶段完成学习任务，如果孩子能够专心完成，父母要给予一定鼓励，比如表扬、抚摸、亲吻等，并让他休息 5~10 分钟。再以同样的方式完成下面的学习。当孩子能够做得很好时，可逐步延长一次性集中做题的时间。要求孩子在审题的过程中，自己把题目的要求、条件用笔勾出来，以防止走神出错。这些都可以增强孩子的自信，让他感觉自己能自觉集中精力做好一件事。

二是鼓励孩子培养兴趣。平时多鼓励，不干扰孩子做他喜欢做的事情。当孩子专注于做小手工或观察小动物而忘记吃饭时，父母千万不要干扰孩子，要耐心地等他把事情完成。要知道，孩子沉浸于他的兴趣的同时，也在无意中培养自己的注意力。

三是减少唠叨和训斥。要尽量减少对孩子唠叨和训斥的次数，让孩子感觉到他是时间的主人。教孩子学会分配时间，他如果能在相对较短的时间内集中精力做好功课，便有更多的时间做其他事情。孩子学会自己掌控时间，有成功的感觉，做事会更加自信。

四是大声读书。大声读书有利于训练注意力。每天安排一段时间（10~20 分钟）让孩子选择自己喜欢的小文章大声为父母朗读，这是一个使孩子口、眼、脑相互协调的过程。在孩子读书时，要求他尽量不读错、不读丢、不读断，这样他的注意力就必须高度集中。

五是一次只做一件事。人的注意容量是有限的，分配在性质不同的事情上面会严重消耗注意力的有效性。尤其是孩子的注意力正在发展过程中，同时进行多件事情会损害注意力的有效集中。所以，哪怕当孩子玩玩具的时候，也要关掉电视机；孩子做作业的时候，更不要放音乐；让孩子一次只做一件事情。

此外，为孩子创造安静、整洁的学习环境，不打扰孩子学习，等等，都有助于孩子专注力的培养。

最后，如何改掉孩子的磨蹭和粗心等不良习惯？

判断孩子是不是磨蹭，不是和成年人比，而是和同龄人比。如果孩子做事和其他同龄孩子相比并不慢，那就不是磨蹭；如果比其他孩子慢，那就有可能是真的磨蹭。

在家长的意识里，总将磨蹭归结为是孩子故意而为，实际上，磨蹭是多方面因素共同造成的。比如，生理原因包括性子慢，注意力不集中，视觉、听觉能力问题，感统失调，等等。其中，影响比较大的是视觉和听觉能力问题。下面我们选几种比较典型的原因进行分析。

一是天生的慢性子。有些孩子的磨蹭可能来自遗传，父母本身就是慢性子的人，做事慢条斯理，孩子遗传了父母的特质，做起事来自然也是不急不躁。

二是缺少兴趣，注意力不足。有时候家长让孩子刷牙洗脸，孩子磨蹭半天就是不动，但玩乐高玩具的时候一般都特别麻利，一会儿就拼好了。这就是兴趣带来的行动差别。当然，也有一些孩子由于身体协调能力差，感统失调，导致注意力难以集中。

三是家长要求太严或者包办太多。有一个孩子，现在已经上小学二年级，早上从起床到吃饭，每次都要花 1 个小时，穿衣服就像电影里的慢动作。孩子的妈妈说，孩子从上幼儿园开始就有磨蹭的问题，她怕孩子上学迟到，就替他穿衣服，把饭端到他床上，这样反而加重了他的磨蹭。其实，孩子只有在主观能动性被充分调动的时候，行动才会更有效率。这体现出孩子对问题的重视，说明孩子意识到了自己的责任。反之，父母对孩子的事大包大揽或者太过严格，会使孩子误以为这些事都是父母应该做的，与自己没有关系，这样只会更加抑制孩子做事的积极性。

四是躲避家长额外功课的故意行为。很多家长在孩子做完学校布置的作业后，还要另外给孩子布置一些功课，将孩子原本自由活动的时间填满。有些孩子为了躲避家长额外布置的功课，就会故意拖慢做作业的速度。

五是缺乏时间观念。有时候家长会对孩子说，再给你 5 分钟，你必须把作业做完。很多孩子并不理解 5 分钟到底有多长，这段时间可以做多少事。所以家长认为孩子磨蹭，很多时候是因为孩子没有把具体的时间和具体的事联系起来，表现出磨蹭的假象。

那么，家长如何做才能帮助孩子改掉磨蹭的习惯？

一是戒掉唠叨、催促。家长与孩子说话要尽量言简意赅，对同一件事避免重复。比如，孩子在看电视，但到了睡觉的时间，家长只要告诉孩子刷牙睡觉就可以了，而不是反复和孩子说，你快点去刷牙，你怎么还不去刷牙。

二是改掉包办、替代。早上上学的时候，定好几点出门，要严格执行。让孩子自己穿衣服、洗漱、整理书包。

三是生活有规律 。按时吃饭，按时写作业，按时睡觉，有规律的生活能让孩子更好地适应校园生活。

四是加强孩子的时间观念。可以通过形象化的方式帮助孩子建立时间观念。比如，吃饭的时候计算喝一碗粥要多长时间，穿衣服的时候给孩子计时穿好要多久。通过这样的方式在时间与生活体验之间建立联系，不但易于理解而且有效。

五是多给孩子自我管理的机会。让孩子自己规划日程，比如什么时间做作业，先做哪一门课程，甚至玩游戏的时间也可以让孩子自己安排。

克服磨蹭的毛病，让孩子学会时间管理很关键。

首先要让孩子建立时间观念。有家长为了督促孩子学习，自己在孩子身边陪读。陪读不是目标，最重要的是让孩子建立时间观念，了解特定时间长度的意义，比如 20 分钟能做哪些事，30 分钟又能做哪些事。如果孩子年纪小，可以以 10 分钟为单位进行训练，为孩子制定一个能在 10 分钟之内完成的任务。

其次要让孩子学习时间管理的方法。记时间日志，观察记录孩子在什么时间做了什么；做任务排序，以紧急、重要、喜欢、擅长等为序安排任务；任务细化，分段完成，适当休息，对孩子多鼓励；计划时间表要简单。

时间管理的最终目标是使孩子建立自我监控机制，完成从他控到自控的转变。在这一过程中，家长要了解孩子学习的特点，是善于视觉学习还是善于听觉学习，再结合实际对孩子进行训练，培养孩子的条理性、计划性、责任意识、统筹能力，原则就是要让孩子多做事，从独立做事中进行学习。

孩子粗心怎么办？

粗心是指原本理解和会做的事，由于自己不仔细而造成了差错，它与不理解、不会做而造成的差错是不一样的。“粗心”在学习方面表现明显，例如：在数学方面，把“+”看成“÷”，把

“3”看成“8”；在语文方面，把“鱼”写成“鲁”，“己”写成“已”。此外，上学忘记带课本，写作业找不到文具，等等，都是粗心的表现。

造成粗心的原因，比较典型的有以下几方面：

一是家长不恰当的强化。孩子在考试的时候，因为粗心丢了分数，家长不但没有及时纠正，还在言谈中表示粗心只是一时疏忽，算不上大事。这种做法给了孩子一个错误的暗示——粗心是一件正常的事。这种不恰当的强化会成为孩子自我辩解的理由。

二是基础知识不牢固。孩子对所学的知识掌握不熟练，记忆不牢固，做题的时候也会出现看似粗心的错误。

三是感统失调。大脑和身体不能协调发展，将想法转换成行动的时候就会出现差错。比如一道很简单的试题，脑袋里想的和嘴上说的都是正确答案，写到试卷上的却是错误的答案。

四是家长帮助检查。家长给孩子检查作业会让孩子产生“兜底”的心理，认为就算自己不认真做作业，爸爸妈妈也会帮自己检查，结果就是孩子表现得粗心。

此外，求快不求准确，缺乏责任心和耐心，不够重视等，都会造成粗心。

针对以上原因，我们提出五点对策：

一是给孩子提供正面强化，不要随意给孩子贴标签。发现孩子做事粗心的时候，不要责备孩子粗心，避免给孩子贴标签。

二是帮助孩子安排作息时间，养成认真仔细的作业习惯。保证孩子有充足的时间做作业，宽松的氛围会使孩子做事更投入。

三是帮助孩子养成检查学习结果的好习惯。尽量避免替孩子检查作业，让孩子养成自己检查的习惯。

四是培养孩子的责任心。可以经常让孩子参与家务活动，比如拖地、擦桌子等，培养孩子的责任心。

五是营造和谐的家庭氛围。和谐的家庭气氛能培养愉悦平和的心境，让孩子做事不骄不躁。和谐的家庭氛围和亲子关系也可以改善孩子粗心的行为习惯。

陪伴是为了督促、帮助孩子养成良好的学习、思维习惯，其最终目的是让孩子不用陪伴，能独立、自信地学习。指导孩子逐步学会独立完成学习任务，获得独立学习的能力，而不是让孩子的依赖性越来越强。

三、轻松学，寓教于乐

一个家庭一定要给孩子创造一个相对安静的学习空间。最好有一个书房，书房中要有书。书橱不要太高，书要让孩子触手可及。可以在书橱前放一张书桌，形成一种阅览室的感觉。孩子受这种环境的熏陶，很容易养成读书的习惯。

家庭教育和学校教育不同，家长要在生活中引导孩子学习，培养孩子的学习习惯，要通过一些轻松的方式让孩子爱上学习。我习惯通过“玩游戏”的方式引领女儿学习，比如猜字谜。在轻松的氛围中学习，让孩子有兴趣而无厌倦之苦，既锻炼了她的思维，又开阔了她的视野。

世界上没有最好的教育，只有最适合孩子的教育，教育孩子要因材因时。美国哈佛大学教育研究生院的发展心理学家霍华德·加德纳（Howard Gardner）在 1983 年提出多元智能理论。加德纳将人的智能分为语言智能（口头上和写作上能有效运用词语的能力）、数学逻辑智能（数学和科学方面的逻辑运算能力）、空间智能（正确观察视觉空间的能力）、躯体运动智能（运用身体语言表达情感、制造产品或进行体育活动和游戏的能力）、音乐智能（辨别和运用节奏和基调的能力）、自省智能（认识、洞察和反省自身的能力）、社交智能（能够与群体中其他人合作和进行言语、非言语交流的能力），以及自然智能（能够认识、欣赏、区分植物、矿物、动物等外界环境的能力）。

每个孩子都是多种不同智能不同程度的组合，所以，问题不再是一个孩子有多聪明，而是一个孩子在哪些方面聪明和怎样聪明。也就是说，每个孩子都有自己相对的优势智能领域，比如，有的更容易通过音乐来表达，有的则更容易通过数学来表达，我们应该注意发现他们的优势智能领域并加以挖掘和发展。家长要向孩子提供多种多样的智能活动机会，在充分尊重孩子发展独特性的同时，保证他们的全面发展。

家长要善于发现孩子天生的特性，孩子适合什么就让他做什么。家长如果为了自己的面子，把孩子的特性给泯灭了，就是最大的浪费，是对孩子最大的犯罪。

“因材施教”是孔子在长期的教育实践中创立的一个经典教育原则。这一原则的核心思想是对不同的受教者施以不同的教育，强调对不同情况的孩子采取不同的教学方法，正是这一光辉思想使孔子在教育实践中取得了巨大的成就。

因材施教的基础是了解孩子的特长，首先看一看家里究竟会有什么“材”，知道孩子是什么“材”，又该如何因材施教。

三宽家长学校家庭教育指导老师萧斌臣的观点值得每位家长学习。萧老师认为：

家有“天才”，家长要有发现的眼光和包容的胸怀。所谓发现的眼光，是指当孩子对某一方面的知识表现出兴趣时，家长要意识到这可能是孩子的天赋所在。如果孩子喜欢写诗，就算做不到合辙押韵，家长也不要断然否定；如果孩子对昆虫感兴趣，这可能是一个未来的昆虫学家……这些苗头都可能成为孩子未来兴趣发展的起点，所以家长要有发现的眼光。所谓包容的胸怀，是指家长要理解支持孩子的奇思妙想。如果家长因为孩子写的诗不通顺就不屑一顾，孩子可能再也没有信心继续写下去；如果家长因为虫子很脏就不再允许孩子观察昆虫，孩子发展兴趣的星星之火可能就此泯灭。

家有“偏才”，扬长教育才是有效教育。偏才是指在某一领域特别强，其他领域却很弱的人才。有一些在语文上表现出天才水准的孩子，数学成绩却极差，家长通常的做法是给孩子补习数学，补习的效果往往不尽如人意。如果家长一味地纠结于孩子的数学成绩，那么这个语文“天才”的死结恐怕永远也无法打开。

家有“常才”，点燃梦想是成败的关键。古希腊哲学家苏格拉底说：“教育不是灌输，而是点燃（智慧的）火焰。”可是看看现在每晚为了完成作业而挑灯夜战的孩子们，我们的教育正反其道而行，将教育变成灌输，将梦想的星火亲手浇灭。我们的教育用一张试卷去评价所有学生，这种千人一面的“标准化”学生，即便是天才的苗子，经过“一元评价”的洗礼，也泯然众人。正是因为“一元评价”，“灌输”替代“点燃”，导致庸常之才遍地。

如何改变这种现状？作为家长，要千方百计点燃孩子的梦想，有梦想才有希望，才有成为英才的可能。

作为家长，要用伯乐的眼光和胸怀去发现和包容有“天才”潜质的孩子；对待“偏才”孩子，要放弃传统的补短教育，选择更科学的扬长教育；对于缺乏人生目标与热情的“常才”，更重要的是点燃他们的梦想。

成熟的父母，应该学习儿童教育学、心理学，多看一些这方面的书刊，了解孩子不同成长阶段的特点和规律。每一朵花，都有它的花期。孩子的成长不可逆，孩子不会待在原地等你。

美国著名教育家杜威说：“儿童不是尚未长成的大人，儿童期有其自身的内在价值。”家长要尊重孩子的成长发展规律，别错过孩子发展的关键期。发展的关键期是指人类的某种行为、技能和知识的掌握，在某个时期发展最快，最容易受影响。如果在发展关键期对孩子施以正确的教育，他学习起来既快又好，往往能够收到事半功倍的效果；一旦错过关键期，学习就需要花费几倍的努力才能弥补，甚至将永远无法弥补。

现代教育心理学认为，3~6 岁是孩子语言发展的关键期，2~8 岁是想象力发展的关键期，6~10 岁是文化敏感期，8~14 岁是黄金阅读期。

清朝陆世仪《论小学》中说：“凡人有记性，有悟性，自十五以前，物欲未染，知识未开，多记性，少悟性；十五后，知识既开，物欲渐染，则多悟性，少记性。”教育孩子要因时而教，在小学和初中多记忆背诵，孩子会终身受益。

孩子进入初中之后，极易将自己封闭起来，做父母的一定要理解孩子，找到与孩子沟通的语言密码，但要注意“惜言如金”。在孩子的教育过程中，不要以“我是为了孩子好”的借口替孩子做决定，甚至安排孩子的成长路线，应该适时地倾听孩子是怎么想的，了解孩子的需求，这样才有利于孩子和父母之间的感情维系。

让孩子爱上学习，轻松学习，要警惕“超限效应”。超限效应和美国著名作家马克·吐温有关。据说马克·吐温有一次在教堂听牧师演讲，刚开始他觉得牧师讲得很好，很受感动，准备捐款。过了10分钟，牧师还没有讲完，他有些不耐烦了，决定只捐一些零钱。又过了10分钟，牧师还没有讲完，于是他决定1分钱也不捐了。等到牧师终于结束了冗长的演讲开始募捐时，马克·吐温由于气愤，不仅未捐钱，还从盘子里偷了2元钱。这种刺激过多过强和作用时间过久而引起的极不耐烦甚至反抗的心理现象，被称为“超限效应”。

现在的学生除了完成学校的学业，周六周日还要上家长给报的各种学习班、特长班，没有一点休息的时间，没有自己的爱好特长，这种“超限效应”会把孩子压垮。

对于学习上的“超限效应”，古人早有应对之策。比如，明代教育家王守仁《教约》中说：“凡授书，不在徒多，但贵精熟；量其资禀，能二百字者止可授以一百字，常使精神力量有余，则无厌苦之患，而有自得之美。”

除了“超限效应”，家长还要警惕“德西效应”。德西效应将孩子学习的内部动机“为自己而学”变成了外部动机“为得到奖励而学”，操纵奖励这个外部因素，也就操纵了孩子的行为。

德西效应在生活中时有显现。比如，父母经常会对孩子说："如果你这次考得 100 分，就奖励你 100 块钱。""要是你能考进班级前 5 名，就奖励你一个新玩具。"如此等等。家长们也许没有想到，正是这种不恰当的奖励机制，将孩子的学习兴趣一点点地消减了。

针对学习，家长在教育孩子的过程中，要增进孩子对学习的情感和兴趣，强化孩子内在的学习动机，帮助孩子收获学习的乐趣。家长的奖励可以是对学习有帮助的一些东西，比如书本、学习器具等，而一些与学习无关的奖励则最好不要。

教育的最高境界是唤醒孩子的学习"内驱力"。奖励和惩罚也是一种驱动力，但它们属于"外驱力"，相较于内驱力来说，外驱力有以下几个问题：第一，不具有延续性。奖励和惩罚最大的问题就在于，有它的时候，孩子可能会行动，可是一旦没有了，孩子会立刻停止行动。第二，无法实现责任的转移。学习是孩子的事情，也是孩子的责任，可是，奖励和惩罚很容易把这种责任转嫁到父母身上，孩子会觉得学习是为了父母，那么他的投入度肯定不会高。第三，半衰期太短。如果家长把奖励和惩罚当成筹码，那么这个筹码很快就会变得无效，家长需要不断加大筹码，才能继续推动孩子学习。长此以往，总有满足不了孩子的时候，而到那时，又该怎么办？相比于外驱力，内驱力的好处就显而易见了。在内驱力的作用下，孩子会认为学习是自己的事情，是自己的责任，因此，他会自觉自愿地投入而不在意任何奖励。

内驱力是一种"推"的力量，外驱力则是一种"拉"的力量。唤醒孩子学习的内驱力，主要依靠三点：一是给孩子学习充分的自主权；二是让孩子体验到学习的成就感；三是帮助孩子建立学习的内在目标。

教育不是注满一桶水，而是点燃一把火。点燃孩子对知识的渴望，培养孩子主动学习、主动汲取知识的热情，这才是教育的最高境界。

把握心灵法则，提升爱的能力

孙鲁娟

人的一生可能会经历许多不同的职业，唯有父母这个“职业”，一旦选择，就深深地印在了我们的生命中。

爱的教育包含两个方面：一个是爱的能力，一个是爱的技巧。能力具备了，技巧才能发挥效用。在这里，我们重点关注家长爱的能力的提升。

首先，我们可以通过四个关键词来检验一下家长的能力在哪个层次。前两个关键词是“理念”和“方法”。“理念”讲的是为什么的问题，是关于“道”的问题；“方法”则讲怎么做的问题，属于“术”的层面。比如儿童早期家庭教育提倡，孩子在 3 岁左右的时候要和母亲分床睡。很多母亲不知道分床这个理念，自然也不会去寻求相关方法。也就是说，很多家长因在家庭教育理念上的欠缺，导致方法上的欠缺。

第三个关键词是“心态”。“心态”指心理状态，它具有相对稳定性，也具有变动性。比如，孩子出了问题，你会盯着谁，要求谁做改变，这就属于心态问题。所谓“种瓜得瓜，种豆得豆”，万事皆有因果。当你不能接受孩子的行为时，作为家长，你应该思考原因在哪里。如果你能把寻求原因的焦点从孩子转移到自身，认识到孩子的问题其实有可能是家长自己的问题，进而内求于己，说明你的心态发生了改变。

第四个关键词是“能量”。人的大脑分左、右两个半球，左脑是意识脑，又称文字脑；右脑是潜意识脑，又称图像脑。左、右脑的功能不一样，容量也不一样。意识脑就像冰山露出海平面的那部分，而潜意识脑则像海平面以下的部分。我们从小到大的所有经历以及所有学到的东西都会通过意识进入我们的潜意识，在右脑这个“仓库”里保存着。这里面有让我们快乐的东西，也有让我们不快乐的东西，快乐的我们称它为“金子”，不快乐的我们称之为“垃圾”。当这些“金子”和“垃圾”相互加减中和之后，如果剩下的金子多，这个人就会呈现出阳光、自信、开心、快乐的正能量的状态；如果剩下的垃圾多，则呈现出沮丧、自卑、爱抱怨、爱指责，也就是负能量的状态。在正能量的状态下，人是积极向上的，“知道也能做到”；但在负能量的状态下，人的自我控制能力较差，往往“知道但做不到”。

如何提升能量，实现“知道也能做到”，陪伴孩子健康成长呢？《爱是一次共同的成长》一书中讲道：无效的教育是随意性的经验发挥，有效的教育是有原则的规律影响。下面让我们一起走进六大心灵成长法则。

心灵法则一：动力法则

很多家庭有自驾出游的爱好，当选好了方向和目的地，开车行驶在高速路上，汽油会为我们的车提供源源不断的动力。人要有动力，也需要加油，为心灵加油。在这里，送给家长们三种型号的心灵汽油。

第一个型号——快乐。快乐是最基本的需求，如果一件事能够给人带来快乐，那么没有人会拒绝做这件事情。

刚出生的婴儿，基本上是哭着来到这个世界的。与母体分离后，他们常做的一个动作是抓取，边哭边抓。抓什么呢？抓“爱”。当被母亲拥入温暖的怀抱时，孩子的哭声便没有了，因为他感受到了安全。这份安全感来自母亲的爱，也就是说，当和爱的人在一起时，你的安全感就是充足的，你就是安静的、稳定的。

除了安全感，人的一生都在追求成就感。具体来说，就是追求一个“好”字：在学校想成为一个好学生，在单位想成为一个好员工，在社会上想成为一个好公民，等等。当我们呈现出积极、良好的状态时，我们获得的是别人的赞美、鼓励与肯定，这些赞美、鼓励与肯定内化为成就感，又变成我们积极、良好状态的支撑。

当一个人安全感、成就感充足时，呈现的能量状态是正向的，往往也是快乐的。反之，安全感不足会让一个人成为控制型人格，成就感不足则会让一个人成为苛求型人格。这也是很多家长为什么总会用自己的标准控制孩子，用自己没实现的理想或愿望来苛求孩子的原因所在。

第二个型号——价值感。在马斯洛五层次需求理论中，人最基本的生存条件满足后，欲望会继续往上攀升，希望得到安全的保护，于是国家出现了国家机器，警察、法律等为生命安全提供了保障。在吃穿、安全需求满足后，人没有停止追求，而是继续追求社交。人从出生的那一刻起就成了一个社会人，人人都需要构筑自己完备的社会支持系统，让自己的能力保持在较高的状态。在五层次塔尖上的自我实现，其实就是我们的二号汽油——价值感，这是五层次需求理论中最高的一个需求。

对于大多数人而言，对五个层次的需求都是逐级追求的，但也存在这样一类人，他们可以不追求中间的三个层次，从最低层直接跃到最高层。《论语》中有一段孔子评价颜回的话："贤哉，回也！一箪食，一瓢饮，在陋巷，人不堪其忧，回也不改其乐。贤哉，回也！"在这段话里，孔子描述了颜回淡泊自守、安贫乐道的一种人生状态。按照马斯洛的五层次需求理论，颜回就是从最低的层级直接跳到了塔尖上。再比如说到价值感必然绕不开的广为传颂的周总理的故事，促使 12 岁的周恩来说出"为中华之崛起而读书"的正是内心的价值追求。当一个人拥有了正确的价值观，梦想的种子播撒到他心灵的时候，不用督促，他也会动力十足。

第三个型号——真爱。什么是真正的爱？很多家长会说，我非常爱我的孩子，我管他、说他，都是为了他好。但实际上，你对孩子的爱的多少，不以你付出的多少为准，而是以他感悟、接收到的为准。什么是真爱？无条件的关爱和不求回报的付出。也可以理解为不以爱的名义控制孩子，不让孩子活在家长的期待中。通过控制和期待传递给孩子的“爱”，只会给孩子带来压力，却不会给孩子带来动力。

在这里和大家分享一个关于请假条的故事。有一个拥有上亿资产的企业家，也是一位心理治疗师，他小时候是个调皮捣蛋鬼，经常因逃学和冒名写请假单被老师叫到办公室，同时被老师叫来的还有他的父亲。当老师把一沓请假单放到他父亲面前时，他开始全身发抖，眼神变得呆滞。但是他父亲一页一页翻看完所有请假单之后，告诉老师这些请假单都是他亲笔写的。父亲的回答让孩子大吃一惊，也让老师大为惊讶。离开办公室后，孩子战战兢兢地对父亲说：“请假单是我自己写的。”父亲平静地说：“你写的就代表我写的，你的想法就是我的想法。”父亲的话让孩子热泪盈眶。多年后，这位企业家回忆说，这么多年他不是没有做错过事，但只要一想起父母亲对他的这份无条件的信任和支持，他就会回到正道上来。

所以，真爱能让孩子回归学堂，让孩子成就更大的梦想。真爱是最大的动力源，也是送给孩子最好的生命礼物。

心灵法则二：平衡法则

第一个平衡叫能量平衡，也叫阴阳平衡。在中国传统文化中，《易经》被称为群经之首、文化之源，它讲的首要观点就是阴阳平衡——一阴一阳之谓道，易以道阴阳。《周易》首卦乾卦卦德：“天行健，君子以自强不息。”第二卦坤卦卦德：“地势坤，君子以厚德载物。”乾为阳，坤为阴，一为天一为地，一为日一为月。在家庭中，男人是阳，女人是阴，阴阳平衡就是要家长共同爱孩子，给孩子两份平衡的爱的力量。如果是单亲家庭，如何在能量失衡的状态下给孩子引领呢？假如女儿跟着妈妈，可以给孩子补充男性的老师，或者孩子的爷爷、外公、叔叔、舅舅等能够引领孩子的男性力量，弥补爸爸的缺位带来的阳刚力量的缺失。同理，儿子跟着爸爸，可以找孩子的奶奶、外婆、阿姨、姑姑等有能量的女性来影响他。不管什么原因离婚，切记不要切断孩子和另一方（爸爸或妈妈）之间的链接，只为让孩子接收到两份爱。

阴阳平衡还包括爸爸和妈妈的关系。有句话叫送给孩子最好的礼物就是爸爸爱妈妈，妈妈爱爸爸。夫妻关系越和谐，给孩子提供的家庭环境越稳定，孩子越容易健康成长。同时，父母与孩子的关系决定着孩子的未来。母子关系会影响孩子步入社会后和其他女性的关系，和小孩的关系，爱的关系。父子关系则会影响孩子未来与其他男性的关系，与权威、领导的关系，还有事业、金钱的关系。什么是权威？比如在学校，权威就是学校里的老师。假如孩子和父亲关系好，孩子在学校里与老师的关系一般也不会差，未来进入企业、团队，与领导、同事的关系也会更融洽。

第二个平衡叫影响力平衡。社会上人与人之间互相影响，这种影响包括正面积极的影响和负面消极的影响，谁都无法回避。面对正面、负面两份影响，家长如何有效应对？两句话：不当保护伞，做孩子的转化器！不当魔鬼，做孩子的天使！

在这里和大家分享一个中国教授赞美一个外国小孩的故事。一个周末，中国教授受邀到一个外国家庭做客，按响门铃，开门的是一个在客厅里玩耍的非常漂亮的小女孩（小主人）。小女孩说："叔叔好，欢迎你来到我家。"教授边打招呼边把礼物放在一边，下意识地夸赞起小女孩来，"哇，你真漂亮！"这期间，女主人从厨房出来，看到了发生的一切。进餐之前，女主人郑重地对教授说："教授，在我们开餐前有件事要处理一下，我想告诉你，你要为你刚才的夸赞向我的孩子道歉。我的孩子漂亮，是我们夫妻俩的基因好，你不要将原本不属于她的东西当成她自己的。不过你还有机会补救。"

教授问："怎么补救？"

女主人说："你进门时，我的女儿主动跟你打招呼，她的礼貌是后天习得的，这一点完全可以成为你夸奖她的理由。"

当面对正面评价时，我们要引导孩子建立自己的标准，而不是人云亦云。善于建立自己的标准的孩子能够正确评判外部的夸奖和赞美，既不盲目乐观，又能坚定地做最好的自己。

面对负面能量，该如何处理呢？我们看下面这个故事中智慧爸爸的做法。

儿子 8 岁，非常顽皮，与大同学打架后伤痕累累地回家，大哭不止。

爸爸问："委屈吗？"

"委屈！"儿子哭着回答。

"愤怒吗？"

"愤怒！"儿子号啕大哭。

"你打算怎么办？需要爸爸为你做点什么？"

"爸爸，我要找块砖头，明天从背后去砸他！"

“嗯，我看行！爸爸明天为你准备砖头。还有呢？”

“爸爸，你给我弄把刀，我明天从背后去捅他！”

“好！这个更解气，爸爸这就去准备一下。”爸爸说完就上楼了。

大约20分钟后，儿子平静下来。这时爸爸从楼上搬了一大堆衣服和棉被下来。

儿子困惑地问：“爸爸，你搬那么多衣服、被子干吗？”

爸爸回答：“是这样，如果你用砖头砸他，那么警察就会把我们带走，在监狱里大概只要住一个月，我们带些短衣薄被就可以；如果你用刀子捅他，那么我们在监狱里至少要住3年，我们可要多带些衣服被子，四季的都要带齐。所以儿子，你决定了吗，是用砖头还是用刀呀？”

“要这样的？”儿子一脸惊愕。

“是这样的，法律是这样规定的！”爸爸趁机普法。

“爸爸，我们还是别干了吧。”

“儿子，你不是很愤怒吗？”

“我已经不愤怒了，其实我也有错。”儿子红着脸说。

“好，爸爸支持你！”

自此，儿子学会了选择和代价。

如此教子，你学会了吗？智慧的爸爸通过和孩子站在一起来处理孩子受到的负面影响，取代批评和打骂，让孩子在整个事件中感受到自己该负的责任，进而学会选择和代价。

第二个平衡叫心灵平衡。爱是一切问题的答案，当爱不平衡时就会形成溺爱、缺爱，溺爱、缺爱都会严重影响孩子的心灵成长。

长期溺爱长成的孩子抗挫折能力差，性格比较脆弱，遇到事情会选择自我伤害。这也是一路顺境走过来的优秀孩子在伤害来临时会选择自残、自杀等方式应对的原因。长期缺爱长成的孩子则会形成易激惹的心理。就是别人说了一句无关紧要的话，却会成为他爆发脾气的导火索，长期下去就会形成心理扭曲，当伤害来临的时候选择伤害别人，自己也为此付出惨重的代价。

因此，实施爱的教育，要找到爱的黄金分割点，既不能溺爱，也不要让孩子缺爱。生养一个孩子不容易，每个鲜活的生命都值得我们用平衡的爱去滋养与呵护，这是每一位家长应该做的爱的功课。

心灵法则三：成长法则

要陪伴孩子成长，家长一定要成长在先。相信很多家长在孕育孩子时买过胎教书，但有多少家长在孩子出生后看过儿童发展心理学方面的书籍，了解孩子的心理成长规律呢？

要助力孩子成长，家长要了解孩子的思维成长规律。0～3 岁的孩子是直觉式思维，3～6 岁的孩子是形象思维。6～12 岁的孩子进入抽象思维阶段，理解力明显增强；12 岁以后的孩子则进入了成人的逻辑思维阶段。所以，12 岁之前孩子的成长对孩子的一生很重要。

家长该如何做呢？一方面要了解孩子的成长规律，注重孩子右脑开发，通过看一些艺术名画、听音乐名曲、读中华优秀传统文化经典这些高能量的东西，提升孩子的思维力、观察力、专注力与想象力；另一方面要把握孩子的两个“期”，第一个叫敏感期，第二个叫逆反期。

孩子生下来 0~6 个月甚至 1 岁之前，特别爱吮吸手指、脚趾，抓到什么咬什么，这是孩子通过口腔探索世界，如果家长不了解，恐吓阻断孩子这种探索世界的方式，未来孩子可能会形成咬小手绢、被角、毛茸玩具或吮吸手指的习惯，这些都是孩子口欲期没有得到满足的体现。孩子 1~2 岁时，有个很大的特点，就是爱拉抽屉，把抽屉里的东西翻得很乱，爱钻桌子、衣橱等，这是孩子用他的方式探索空间。还有幼儿园中班、大班的孩子，会对家长说：妈妈，我们班那个谁可漂亮了，我要娶她当媳妇。或者说：妈妈，我以后就娶你当媳妇。这是孩子 4~5 岁期间的婚姻敏感期。当这种情况出现时，家长不必担心，只需正面引导，帮助孩子健全他的情感世界。关于孩子的敏感期，孙瑞雪老师在《捕捉儿童敏感期》一书中有详细的解读。

再说逆反期，听到逆反期，家长最先想到的是青春期。青春期属于孩子成长过程中的第二逆反期，我们重点认识一下容易被家长忽视的第一逆反期，就是孩子 3 岁左右的“自我意识”形成期。3 岁之前，孩子很听话，家长让干什么就干什么。3 岁左右时，突然有一天，家长会感觉孩子特别不听话，经常说两个字——“不”和“我”，这是孩子第一逆反期的“自由宣言”。以前特别爱分享玩具给小同学、小朋友，这时候会紧紧抱着，表明“这是我的”。懂得孩子成长规律的家长会说：这个玩具的确是你的，但如果你把心爱的玩具给别的小朋友玩，别的小朋友也会把他的玩具分享给你，你就可以玩更多的玩具了。先认可玩具是孩子的，肯定他的维权意识，同时提出建议，让孩子自己去选择。家长要把握孩子任何一个成长的机会，给孩子积极的支持。

陪伴孩子成长，家长更要成长在前。一是心灵成长。家长要通过学习体验认知自己的安全感、成就感：学会爱自己，给自己安全感；做积极有意义的事情，给自己成就感；自我调整，弥补自己内心的空虚和空洞，改变自己，超越自己。二是提升情商。比如，朋友打电话说：今天感觉特别孤单。当听到“孤单”这个词时，你能解读出对方需要陪伴，于是放下手头的事，到朋友身边去倾听，这就是情商的体现。而对于孩子，正如前面“请假条”的故事所告诉人们的，家长的高情商体现在能找到孩子行为背后的需求并做出积极的回应。三是“能力”成长。有三类家长：有责任，有能力；有责任，无能力；无责任，无能力。在这三类家长中，哪类会伤害到孩子呢？第二类！有责任，想管，但是能力不足，方法不对，家长自己管控不了自己的情绪等，“知道做不到”，很容易给孩子带来伤害。不断地学习是提升能力的不二法宝，家长要持续学习，终身学习。四是杜绝抱怨。有本书叫《不抱怨的世界》，一本书附赠一个紫色手环，供读者觉察自己是否生活在一个抱怨的世界。方法是从早晨起床便开始注意自己的言行，每抱怨一次，便将手环换到另一个手腕上，一天下来你换了多少次，就是抱怨了多少次。有少年儿童调查问卷显示，最不受欢迎的家长类型之一就是爱唠叨、抱怨。抱怨是一个人最无能的表现，家长要给孩子创造一个清净的家庭环境，做不唠叨、不抱怨的家长。

心灵法则四：独立法则

孩子来到你的生命里，你把孩子当作什么？有的家长把孩子当成情感的慰藉品，有的家长把孩子当成满足自己成就感的工具，有的家长还把孩子当成人际交往的砝码……究竟该把孩子当成什么呢？要把孩子当成独立的个体，遵循独立法则。孩子借由爸爸妈妈的身体来到这个世界，他们带着自己的使命。孩子既不是家长的小棉袄，也不是家长的砝码，而是独立的个体。家长要培育孩子独立的人格，让他们活出自己的特质，可从以下几点入手。

第一是尊重。把选择权交给孩子。比如陪孩子买衣服，家长需要把握的是买多少钱的衣服，至于买什么样式的，让孩子自己选择，而不是强行塞给孩子你所认为的好的。很多家长抱怨孩子到了一定年龄不会选择，没主见，殊不知孩子的“选择焦虑症”正是家长没有把选择权交给他所致。

第二是支持。孩子开心时，我们要和孩子一起开心；孩子遇到困难时，我们要和孩子一起面对。我女儿是 2016 年考的大学，高中学习比较紧张，我是如何支持她的呢？她喜欢《我是歌手》《中国好声音》等电视节目，周末晚上我会陪她看，既满足了她的需求，又起到了放松的作用，这份开心快乐也有助于她学习效率的提高。在孩子不开心时，我又是如何支持她的呢？分享一个女儿初中阶段的小案例：升入初三时重新分班，女儿对所在的班级很满意，起初告诉我们的都是关于班级、老师的正面信息，但是不到 3 周，女儿就开始对班主任有了不满，认为老师没有把她当成好学生对待，小瞧她，内心有些不服气。捕捉到这些信息，我问女儿，需不需要妈妈找老师谈一谈？女儿非常有志气地说："没事的，我自己处理吧，我就不信我不是好学生。"最终我还是悄悄给班主任写了封信。先问好，建立情感链接，表达谢意，接着介绍了女儿的优缺点，向老师建议让女儿发挥绘画等特长为班级服务，同时请老师一起帮孩子克服缺点，最后向老师承诺从家庭的角度积极配合老师，共同帮助孩子成长。

第三是引领。家长要在孩子 0~16 岁期间，让他去读书、看电影、旅行、研学、交友、做公益等，让他了解不同人的生存状态，形成丰富的生活阅历。不仅让孩子学习好，更重要的是让孩子成为一个懂得生存、感恩生活、珍爱生命的独立个体。

《道德经》里有这么一段话："道生之，德畜之……生而不有，为而不恃，长而不宰，是为玄德。"生养了万物而不据为己有，为万物尽了力而不恃其能，助万物成长而不主宰它们，这就是最深的"德"。家长不能把孩子据为己有，而要让孩子成为一个独立的生命体，完成他自己的使命。家长只是起到把握方向的作用，让孩子始终在一个良性的轨道上前行。

心灵法则五：目标法则

前面讲到能量，能量来自三个阶段：过去、现在和未来。安享当下，用心投入每一堂课、每一次学习培训，跟着自己的心，感悟、收获就是在提升能量。未来如果目标清晰、方向明确，能量也会慢慢增长。目标法则就是如何锁定树立一个清晰的、可见的、让你拥有正能量的行走方向。

一个明确的目标是获得所有成功的保障。首先，培养和教育孩子的目的是什么？有的家长说希望孩子成才；有的说希望孩子健康成长；有的希望孩子将来有份好工作，有很好的前途；也有的家长希望孩子有朝一日能出人头地，比自己有出息。这样能不能说明家长有明确的目标呢？

那么，如果接着问，什么是人才？什么是健康成长？什么是好的工作？什么是好的前途？什么是出人头地？什么是有出息？家长的回答会出现分歧。因为衡量人才、健康、好工作、好前途、出息的标准各有不同，原本清晰的目标开始变得困惑，越往下溯源，越往细节探究，越难以达到一致。此时，我们可以用不断向上的归类方式逐步明晰内心的目标。

你希望孩子成为人才的目的和意义是什么？

你希望孩子能够健康成长的目的和意义是什么？

你希望孩子有一份好工作的目的和意义是什么？

你希望孩子有一个好前途的目的和意义是什么？

你希望孩子比你有出息的目的和意义是什么？

……

当不断回答“目的和意义是什么”的问题时，目标越来越清晰，越来越统一，最后你会发现，无论最初的目的是多么不同，越往上归类，目标越一致，就是找寻亲子教育、家庭教育的最终目标——实现开心快乐，即快乐教育，教育快乐。

当以此归类方式明晰阶段目标、生命目标时，你也会归纳到一个落脚点——为了收获开心、快乐、幸福。获得丰富的物质，改善父母妻子孩子的生活条件，你很开心；投身公益，帮助弱势群体，你很快乐；做强做大企业，让员工有高收入、高回报，你会因员工的开心而开心。正如我把业余时间学习的心理学和传统文化理念整合后传播分享给更多学员、更多家庭，由此感受到自己的价值，同时也收获了很多快乐。

教育目标是生命目标的一个方面，你有着怎样的生命目标，将直接影响你的教育目标，影响你孩子的未来。我们不得不思考，终极目标是什么？生命的意义在哪里？

40 岁左右通常被称为人生的拐点，即大多数人达到人生顶峰的时刻。0~40 岁期间，生命的轨迹是一条上扬的曲线。孔子说，“十有五而志于学，三十而立，四十而不惑”，通过不懈努力，40 岁时你可能在事业与家庭两方面都获得了丰收。40 岁后，大多数人的生命轨迹会呈现下降趋势。如何使这条曲线继续保持上扬的态势呢？这就需要在人生的拐点时刻思考该继续往自己的生命里装入什么，是精神还是物质？是做减法还是做加法？——人生的意义因选择而变得不同。

当你的人生追求由物质转向精神，从拥有走向放下，由外求走向内求，试图将快乐延伸到更多人身上时，你就可以理解为什么那么多成功人士热心公益活动。人都需要成长，只有不断拓展目标，才能使自己的人生曲线高扬。家长的见识与格局决定了家长的生命目标，由此也决定了他的教育目标。

心灵法则六：信念法则

家长的信念，关乎孩子的自信。如何舞动信念的“魔棒”，先来看“期待效应”，也叫皮格马利翁效应。这是一个美丽的神话故事：在古希腊塞浦路斯岛上，有个王子叫皮格马利翁，酷爱雕刻艺术。他把全部的热情和希望放在自己雕刻的少女身上，对自己的得意之作爱不释手，每天含情脉脉地注视着她，天长日久，雕像竟活了。这个故事蕴含了一个深刻的哲理：期待是一种强大的力量。

这个故事被美国心理学家罗森塔尔演绎成了一个著名的心理学实验——罗森塔尔实验。1968 年，罗森塔尔从一个小学的 18 个班级里随机抽了一份孩子名单，并以赞美的口吻将这份“未来发展预测”的“最有前途”的名单交给了校长和相关老师，叮嘱他们要绝对保密，以免影响测试效果。这份名单中的学生在老师看来，有的的确优秀，但也有一些学生表现不尽如人意。对此，罗森塔尔解释：请注意，我预测的是孩子的将来，不是现在。

8 个月后，他对这些孩子进行复试。复试结果显示，凡是名单上的孩子，成绩都有了巨大的进步，而且性格开朗，自信心强，求知欲强，乐于与人打交道，与老师的情感也特别深厚。

这个实验再次验证神奇的力量来自信念和期望。老师们得知这些孩子未来可以成为某一个领域的领军人物，看他们的眼神都会不一样，即使这些孩子出了状况，也不会认为他们是在调皮捣蛋，而是认为他们特别有思考力，有创新力。老师给孩子们的都是积极的关注、赞美的眼神、坚定的信念、美好的期待，而这一切带来了孩子们的改变。

如果家长能巧妙地把罗森塔尔效应运用到家庭教育中，相信也会给孩子带来积极的影响。比如，我们希望孩子拥有良好的行为习惯，拥有解决问题的能力，发挥积极主动性，完全可以对孩子说："妈妈相信你一定能够养成好习惯！""我知道你一定可以找到很好的办法解决这个问题！""你一定可以成为一个诚实勇敢的孩子！"

我们相信，即使孩子现在还做不到，但在激励、信任下，孩子的潜能会得到最大限度的发挥，而做到的可能性也会大大增加。

有这样一个小笑话：一个外国人来到中国，说："你们中国人好自信呀！"有人问，此话怎讲？"你看，中国很行、中国人民很行、工商很行、建设很行，多自信呀！"原来这个外国人错把"银行"看成"很行"了。

一个美丽的误会，道出了信念和很行的一种关联。带着这份信念，我用贺年卡给女儿做了"很行存折"，一式两份。"存折"里面写了很多"很行"："孩子语文很行""孩子阅读很行""孩子英语很行"……总之，希望孩子哪方面很行，就可以给孩子写上。这些"存折"一份放在女儿那里，一份放在我办公室。每天早晨到办公室打扫完卫生，没人时，我会大声朗读"存折"的内容，有人时我就默读。

那时女儿读初三，面临中考。通过"很行存折"，女儿每天内化我对她的积极信念，最终以优异成绩考入了自己心仪的高中。女儿兴奋地说："妈妈，这些'存折'还真管用！"

在家庭教育中，把孩子当成"朽木不可雕"，不理不问，用冷暴力将其弃置一边，孩子受到的伤害最大。思想是行动的先导，心里想什么，就会说什么、做什么。教育孩子，家长是带着爱意还是敌意，关乎孩子的身心能否健康成长。

《易经》里有这么两句话："出其言善，则千里之外应之。""出其言不善，则千里之外违之。"用善言给孩子积极的信念，只要信念足够坚定，全世界都会为你让路！

人生有四大遗憾：棋渐精而对手故，琴犹在而知音亡；子欲养而亲不在，父欲教而木成舟。孩子的教育是一条单行线，一旦错过，无法挽回。也许你在陪伴孩子成长的过程中犯过很多的错，没有关系，任何弯路都可以成为风景，成为成长的契机。没有晚的教育，只有晚的认识，做智慧家长，不在昨天，不在明天，就在当下，从此刻起，家长好好学习，孩子天天向上！

爱是永恒的课题

陈翠平

随着社会的发展，传统的家庭结构发生了显著变化，家庭教育中的问题日益凸显。

家庭教育的缺位、错位导致儿童受伤害的极端事件时有发生；父母或其他监护人家庭教育的主体意识不强、思想观念落后、教养能力不足，对未成年人生而不养、养而不教、教而不当的现象不同程度存在。有的家长缺乏正确的家庭观和教育观，有“唯分数”倾向；还有的家长将训斥、打骂作为惯用方式，未成年人的合法权益受到侵害，家庭教育的功能无法正常发挥。

必须承认，做父母是这个世界上最复杂最艰难的工作，但现实是几乎很少有父母是有备而来。为人父母，没有岗前学习，非持证上岗；而孩子来到这个世界上，也没有配备说明书。父母需要在陪伴中用心观察，这颗“爱的种子”是啥？是一棵大树还是一株玫瑰花？是一只猫还是一条鱼？父母没有办法让一棵大树开出鲜艳的玫瑰花，更无法让一条鱼上树，所以，懂孩子才能爱对孩子。正确的爱是让花成花，让树成树，支持孩子成为自己最好的样子。

一、所遇问题皆镜子，照见自己的真实

在养育孩子的过程中，父母须保持战战兢兢如履薄冰的心态。古语云：“苟日新，日日新，又日新。”经常反省自己的人，会在反省中不断修炼自己，不断提升自己。

我看到很多家长经常打着“都是为你好”的旗号“理直气壮”地犯错误。而错误的家庭教育的恶果一般不会当即出现，会具有一定滞后性。比如，青春期会成为家庭教育问题集中爆发的阶段，面对青春期孩子的一些偏差行为，很多家长茫然无助，不能及时意识到这是早期错误的教养方式埋下的恶果。

在孩子的成长过程中，父母不妨经常反思一下自己的教育方式和言行：我目前的所作所为一定是正确的吗？这样的教育是短期有效还是长期有效？有没有更好的方式和孩子相处？我所做的都是在为孩子一生的幸福奠基吗？《诗经》有云：“战战兢兢，如临深渊，如履薄冰。”保持反思的习惯，才能及时叫停错误的教养方式，自我纠偏，从而回到正确的教养方式上来。

孩子的问题是来“度”父母的，但很多父母把问题孩子当成“劫”。

前不久，遇见一位焦虑的妈妈，儿子上高一。见面不久，这位妈妈就泪眼婆娑。说来说去，无非就是早晨喊孩子起床困难，孩子学习主动性不强，成绩在步入高中后不断下滑。

问起孩子成长的过程，妈妈说，从小管得严，孩子表现不

好，也打也骂，现在才发现，以前的教育方式错了。

一个在否定中长大的孩子，很容易缺乏自信，自身动力不足。青春期会是问题的集中爆发期，但如果父母能把问题当作一面镜子，坏事也可能变成好事。

一个人格成熟的母亲会有很好的容错率，她可以做孩子问题的容器。这个容器足够大，也足够稳，能在问题出现时及时反思，从自身找原因，及时调整，和孩子并肩同行，一起面对问题。

导致问题出现的原因很少在于孩子自身，实际上大多数在于父母：要么是教育方式出了问题，比如控制、打骂、忽略、溺爱；要么是父母夫妻关系出了问题；还可能是父母自己有人格方面的问题。

教育方式错了，相对而言是较容易调整的，只要父母能及时醒悟，停止错误的方式，慢慢用温和、平等的方式对待孩子，情况很快就能改善。夫妻关系的调整和父母人格的完善都是浩大的工程，虽然“路漫漫其修远兮”，但只要父母能不断反思自我，保持通畅的交流，必能走出阴霾，步入光明。

但实际生活中往往有不成熟的父母，他们接不住孩子的问题，要么和孩子死磕，互不妥协，甚至用暴力方式对待孩子；要么焦虑无助，在茫然不知所措的情况下找个封闭式学校把闹心的孩子送进去，自己落个眼不见心不烦。当然，事情的发展有各种可能性，我们无法预判孩子的成长方向，但最好的教育方式一定是父母和孩子站在一起，父母能够做孩子成长的坚实后盾。

面对问题，除了“打”或“逃”这些低劣的方式，还有一种好的方式叫“温柔而坚持”。“打”或“逃”，说明对问题没有耐心，急于划清界限，照见的是家长不成熟的人格。而解决问题的根本之道是借由孩子的问题反省自身，先完善自己的人格，补平自己成长过程中的“坑洞”。因为只要这些“坑洞”存在，早晚会有人陷进去。

二、好的教育先从不破坏开始

暑假里和上大学的儿子聊天，说起儿子的成长，我禁不住想自我表扬一番：“儿子，你从小到大，妈妈还是做得不错的吧?”没想到儿子回答：“妈，您只是没破坏而已。”我当时很惊讶，难道我学习了多年的家庭教育，践行结果在儿子的心中只是“没破坏而已”吗?真正静下来后，我才意识到，其实“没破坏”已属不易，这应该是儿子对我教育的极大认可了。

反观家庭教育中的诸多问题，多源于父母过多的干涉。他们把批评指责当成教育，把报各种培训班当成培养，把严格控制当成一种习惯养成，自以为付出很多，实则是在摧残和破坏。

我的身边就有这样一位母亲，她是一位中学教师。孩子在小学阶段，她便将孩子的每个周末安排得一丝不苟，几点起床，几点阅读，几点弹钢琴，都有细致的时间表。这种密不透风的教育确实成效显著，孩子在小学阶段出类拔萃，不仅学习成绩优秀，特长也上得了台面。孩子看似赢在了起跑线上，但后来也累倒在了跑道上。进入初中以后，孩子的问题开始慢慢显现，特别是在面临中考的时候，在学校紧锣密鼓的每周模考面前，孩子的内心世界崩塌了。孩子开始情绪低落，害怕竞争，不愿意去学校，三天打鱼两天晒网，出现了严重的抑郁倾向。直到孩子高二，这位母亲才开始反思自己的教育方式，可是孩子的成长已是千疮百孔。

其实这样的例子数不胜数，六七十年代孩子的成长，更多的问题是被父母忽略的。因为那时候物质匮乏，父母只有拼命工作才能确保一家人的吃喝用度，哪有时间精力关注孩子？家里孩子少的还好，如果有三五个孩子，只要犯错，拉过来揍一顿是家常便饭。虽然得到的关注不多，但孩子有足够的自由空间。前脚被母亲的扫帚打得吱哇乱叫，后脚便撒丫子跑到街上，与小伙伴一起玩耍，疼痛和烦恼顿消。我也是在后来学习了心理学才知道，运动、喊叫都是排解情绪的绝好方式。那种自由环境下长大的孩子，自主意识强，心理也有足够的韧性。

但是随着时代的变化，父母对孩子的关注度越来越高。父母在孩子身上倾注了太多心血，也投进了太多期待。孩子在生活上从小受到无微不至的照顾，学习上被父母打着“都是为你好”的旗号进行各种“塑造”和“培养”，有一些就被培养成了温室里的花朵，看着好看，却经不起风吹雨打。

即便是孩子的心理出现了问题，很多父母依然不能停下来做深刻的自我反思，甚至把问题简单地归咎于学校、老师，或者偶然发生的某一个事件，还有的家长归因于电脑和手机。比如，认为是老师批评了孩子，孩子才不愿意上学了；因为与同学发生了矛盾，所以孩子的学习受到了影响；孩子自己缺乏意志力，迷恋手机，导致成绩下滑；等等。听到这样的描述，我只想说：醒醒吧，真正该反思的是父母。这样的父母，看似付出了很多，实则都是为了满足自己的私欲，从未真正考虑过孩子的成长究竟需求什么。孩子从出生那天起，就是一个独立的生命个体，他从来都不是满足父母欲望的工具。

突然想起端午节跟朋友一起包粽子的经历。我是新手，不是把粽叶捏破，就是线缠不牢。朋友说，包粽子看着简单，实际不简单，劲儿大了不行，手要虚而有形，用力得柔和。由此可见，中庸之道无所不在，教育孩子，您也得悠着点儿。

三、过度关注和过度忽略对孩子都是一种致命伤害

德国作家海泽曾经说过：有了阴影，光明才能更耀眼。

我曾看过一部名为《阳光普照》的电影。电影讲述了一个普通的家庭，大儿子阿豪非常优秀，小儿子阿和很叛逆。父亲眼里只有大儿子阿豪，完全忽视了小儿子的存在。当别人问他有几个孩子时，他总说："一个。"

后来小儿子阿和犯了罪，母亲想让父亲去求人，父亲却冷漠地说："把他关到死吧！"可就是这样一个对小儿子冷漠的父亲，最后为了小儿子杀了人；而看似满是光环的阿豪却意外选择了自杀。

阿豪的自杀留给我们太多的思索。他是父母眼中优秀听话的孩子，他活在父母的世界里，有父母所期待的好孩子的品质，却唯独没有了自己。

他在阳光下努力绽放，丝毫不敢懈怠。他不停地燃烧自己，直到生命之花慢慢萎缩、凋零。

他从楼上跳下来之前，还把一切收拾得非常妥当。在他的世

界里，“不给任何人添麻烦”是其人生的信条，哪怕死亡。

海明威说：“只有阳光而无阴影，只有欢乐而无痛苦，那就不是人生。在人生清醒的时刻，在哀痛和伤心的阴影之下，人们离真实的自我最接近。”阿豪与阿和两个孩子，却一个完全暴露在阳光下，一个生活在阴影里。

生活中有这样一些人，他们会将大部分时间和精力花在亲人、朋友身上，对素不相识的陌生人也会有求必应，而且一旦不这样做，就会感到很内疚，仿佛经受了一场“可爱的诅咒”。他们凡事都优先考虑别人的利益，结果帮助了别人，却让自己陷入崩溃的边缘。心理学家把这些始终将友善待人作为唯一行为准则并因此受尽委屈的人称为“圣母型人格”。

具有“圣母型人格”的人总是一味讨好别人，不懂得拒绝。他们一直为别人而活，总是忽视自己内心的需求。影片中的阿豪便是这种类型的人。他是父母眼中“全家的希望”，父亲为他制定各种目标，却从未问过他的感受。为了满足父亲的期望考上医学院，他放弃了已被录取的学校，选择复读。他小心翼翼地维系着这个支离破碎的家，将解决弟弟带来的种种麻烦视为自己的责任。他处处替别人考虑，却唯独忘了自己。他疲惫不堪，想找片阴影来躲避一下，却发现偌大的世界，竟找不到一片属于他的阴影。

终于有一天，他坚持不住了，给喜欢的女孩发了一条信息：这个世界，最公平的是太阳。前几天我们去了动物园，动物们都设法找块阴影躲起来，但我环顾四周，只有阳光，24 小时从不间断，明亮温暖，阳光普照。发完这条信息后，他选择了死亡，以此来寻求庇护与解脱。

与每天24小时生活在阳光里无所遁形的哥哥相比，阿和始终活在阴影里。父母可能永远不知道阿和是从什么时候开始叛逆的，他是否受过欺负，内心是否受过伤。父母的偏心，让阿和选择了自暴自弃。

阿和其实并不是一个冷酷无情、无恶不作的坏小孩，他内心也有柔软的角落。在影片结尾，他用自行车载着母亲行走在阳光下，母亲和他有说有笑，他的眼神是那样柔和——这才是一个孩子最朴实的温暖。

导演钟孟宏说："我们永远没办法看出人的内心，纵使亲近如父母，却也是没办法完全了解孩子。"那些总以为很了解自己孩子的父母，自以为给予了孩子所有的爱，其实他们不知道，他们关注到的只是他们自己的内心感受以及孩子的表象，而非孩子的真正需求。泛滥且不合时宜的"爱"会让爱变质，会让孩子感觉到压力甚至窒息。

被忽略的阿和需要阳光的温暖，需要爱的滋养；看起来完美的阿豪，则需要阴影来栖息，想要活成自己的样子。影片用艺术的方式将现实的悲剧演绎到极致，以此来警醒每一个家庭：每个孩子都是有思想的独立个体，请平等对待他们，尊重他们的内心世界，不要剥夺他们爱自己的权利。

四、家长太努力，孩子没动力

上学期临近期末考试的一天上午，接到一位学生家长打来的电话，说是某某班某某同学的妈妈，想询问我如何提高孩子的历史成绩。我仔细想了想，这个班级确实有叫这个名字的女生，但我脑海里怎么也蹦不出她的具体形象，内心惭愧得不行，只能老实回答：这位学生既不积极问问题，也不调皮，我对她的关注度很不够呢。

上面这个妈妈就是一位典型的“太努力”的家长。如何学好历史，这应该是孩子的问题，我和学生天天见面，学生从来没有问过我这个问题，如今反倒从妈妈的口中问了出来。试想一下，生活中这位妈妈替孩子扛了多少事？如果一个孩子在成长路上一直有人为他披荆斩棘，这个孩子会怎样呢？

这位妈妈在家长中并非个例。他们这个群体最大的特征是，把孩子的优秀当作自己人生的价值，培养一个优秀的孩子就是他们的毕生追求，一旦孩子受挫，最受打击的不是孩子，而是家长。孩子优秀，他们会有满满的成就感；孩子一旦某方面没有达到预期，他们就会觉得自己的付出没有换来应有的回报。

今年暑假前夕，我又遇到这样一位“兢兢业业”的妈妈。孩子的爸爸在外地上班，妈妈为了全身心教育好孩子，办了提前退休。此后妈妈的生活就是围着孩子转，为孩子“服务”。孩子从幼儿园开始就学钢琴，学美术，练轮滑，补功课，家里家外安排得满满当当。最初，“教育成果”也相当显著：从小学到初二，孩子的学业成绩突出，还经常登台表演各种才艺，真真切切活成了“别人家的孩子”。但到了初三，面对繁重的功课、变动的成绩排名，孩子开始变得焦虑，害怕考试，甚至害怕去学校。

其实优秀的父母从来都不会放弃自我的成长，都是用自身的榜样力量引领孩子成长。做 60 分的父母是我给上面这类家长的建议。请把心收回到自己身上，执着于栽培自己才是正道。把自己的人生嫁接到孩子的身上，那不是真爱，是道德绑架。

要相信每个孩子都自带动力，终究会走他自己的人生路。家长对孩子真正的爱应该是支持孩子成为他自己，而不是成为你所希望的样子。你用密不透风的爱搭建出一个温室，培养出来的只会是经不起风雨的花朵。

五、控制不是爱

什么是爱？其实很难给一个固定的答案。就像孔子在很多地方讲到“仁”，却始终没有给“仁”下一个确切的定义。虽然无法用一个概念正面解析什么是“爱”，但有一点可以明确，“控制”不是爱。

生活中“控制”的例子随处可见，“为了你好”成为控制者理直气壮的口号与理由。为了你好，我要替你安排你的生活，从每天几点起床、几点吃饭、几点做作业到几点睡觉，时间表精确到分。我们常常抱怨现在的孩子不好好学习，试想一下，如果一个孩子连“自我”都没有建立，他怎么可能知道自己的人生目标与方向？没有方向，又怎么可能勇往直前呢？只有一个建立了完整自我的孩子，才会清晰地知道自己想要追求的人生。

所以，想要培养孩子的主动性，必须先帮助孩子建立独立健康的自我。比如，在孩子小的时候，父母就经常鼓励孩子自己的事情自己做决定，或者在孩子有想法的时候，允许孩子按照自己的想法试试看，允许孩子试错，让孩子学习做自己人生的主宰者。特别是到了孩子的青春期，父母更要学会往后退，这时的父母只能做孩子人生列车上的副驾驶员，不越位，不离位。唯有如此，孩子才能活出最美的状态。

从这个角度来看，爱是尊重，是允许他成为他自己，是支持他成为最好的自己。

六、教育其实就是建立关系

我们每一个人，都没法离开关系而独立存在。只有处理好生命中的各种关系，才能活出我们完整的生命。

内在成长的路无非两条，一条是内修与静心，另一条就是通过关系，在关系中成长、蜕变，从而成为真正的自己。关系，在我们的生命当中分成好几个层面，每个层面都相互影响与作用。

我们与自己的关系。这层关系的实质是如何与自己相处。有一句非常美的话：所谓觉醒，就是对自己感到自在。自在就是和自己在一起，觉得很舒服。

当我们能够接受自己一切如是的样子，与自己成为好朋友，爱自己、接纳自己、懂得自己，不在别人面前有任何的掩饰时，我们就觉醒了。而每个生命的唯一目的就是成为真正的自己，除此之外，没有别的目的。

我们与父母的关系。它是所有人的第一份关系，也是人一生所有关系的根基。父亲是我们生命中的第一位男性，母亲则是我们生命中的第一位女性。我们与他们的互动模式，很大程度上决定了我们与其他男性或女性的互动模式。而纠缠在父母与孩子关系当中的，有爱、恨、期待、失望、幸福、痛苦……人生的酸甜苦辣，基本都反映在我们与父母的关系中，并写进了我们早期的人生剧本中。

在与父母的关系中，我们需要理清很多问题。首先要将所有的负面情绪转化成真正的爱意；然后要区分自己想要的人生与父母对我们的期待，同时要放下我们对父母的期待，不要执拗于父母要以自己想要的方式来爱自己；最后，我们更要区分爱与责任、爱与照顾、担心与关心的不同。

可以说，我们与父母之间的关系功课，是一生最复杂也是最不可逃避的，它直接影响到我们与其他人、事、物的关系。若我们与父母的关系和顺，我们的事业、家庭也会随之和顺，反之则会陷入无尽的困难挫折中。

亲密关系也是我们生命中非常重要的关系，它是我们与父母关系的投射。很多人在父母身边感受不到爱与接纳，就转而去亲密关系中寻找。所以两个人的爱情，常常成了我们以爱的名义进行的情感交易：我爱你，是因为我想要你爱我。我们在另一半的身上，投射了很多的希望和幻想。那些我们自己无法达成的，或是感觉自己没有满足的，就转而投射到爱人的身上，希望通过他们来满足自己。而对方往往跟我们一样，也想在我们的身上寻找到他们认为缺失的东西。

于是，两个人之间的关系就变成了乞丐式的讨索关系。在这样的关系里，双方很容易累积失望与抱怨。相处久了，刚刚恋爱时的伪装会现形，陌生的真实感则随之显现。很多亲密关系都在上演这样的模式。如果我们真的能看清楚我们在亲密关系中的心理游戏，并且诚实地面对自己的内在进行探索，那么，我们就能逐渐走向宁静，两个人的关系也会朝着美好的方向发展，最终，亲密关系将成为我们成长的助力。

当我们不再一味地苛责、要求和依赖时，亲密关系会朝着类似友谊的方向发展。真正的友谊就是全然的接纳，接纳对方，同时也接纳自我，两个人坚定地做自己，像两棵并肩而立的树，深埋地下的根早已缠绕在一起，参天的躯干仍保持独立。这样的关系是健康、美好的，也会收获很多的祝福。

当我们处理好了前面的三种关系，再处理与他人的关系就相对简单了。如果我们能把所有的关系都看作内在成长的助力，那么，关系之旅就会是一场静心之旅。有一句话说得很好：在你之外，没有别人。其实，所有关系的功课归根结底都是自己个人的功课。所谓推己及人、爱人如己，都是向内挖掘到深处时的自然了悟。

我们会在关系中成长，因为每一段关系的背后都藏着一份礼物。你如果有足够的勇气去面对这些关系，就会越来越接近自己的内心，而那些走近你的人也会越来越为你所动。最终，这些关系将成为你生命中最深层次、最具有智慧和奥秘的关系，而你的生命也会因这些触及灵魂的关系而变得与众不同。

七、做安心父母

有人这样形容现在的家庭：缺位的爸爸，焦虑的妈妈，空心的孩子。

妈妈为什么焦虑呢？具体来看是“不要输在起跑线上”的观念在作祟，因为有这个观念，整个教育的过程就变成了一个催逼人的过程。处在焦虑中，你做什么事情都是焦虑的，尤其在孩子学习上容易聚集最强烈的焦虑。如果你跟孩子说什么都离不了

“学习”，那你就是一个有学习焦虑症的妈妈。父母带着焦虑教育孩子，会把焦虑也传染给孩子。我问过很多学生，你对妈妈讲的哪句话印象最深？孩子们的答案大多是：“快去学习！”“快去做作业！”

妈妈为什么会如此焦虑？有两个深层次的原因：一个是不自信，另一个是虚荣。很多妈妈内心的声音是这样的：我这辈子就这样了，孩子一定要优秀。这种心理的本质是想让孩子去实现父母自己未能实现的理想 。

我遇到过这样一位学生，小学、初中都很优秀，以优异的成绩升入高中，分在了重点班。高一一年，这个学生坐在教室第一排，课桌上摆满与学习无关的小物件，而且几乎看不到她的笑脸，成绩也是一次比一次差。到了高二，有一天她告诉班主任她要退学。当时我们把她的父母都请到了学校，了解到，原来这位学生的妈妈小时候家里姊妹很多，家庭条件不好，她虽然学习很好，却因为家庭原因被迫中断了学业，看到女儿从小聪明伶俐，她很自然地希望女儿考一个好大学，所以从小就对女儿的学习管得非常严。在妈妈的监督下，最初孩子确实取得了不错的成绩。可到了高中，女儿的自主意识逐渐增强，日益不满妈妈对自己生活的全面掌控，开始对妈妈说“不”，因此母女之间争吵不断。

这位妈妈告诉我，她人生的最大遗憾就是没有考进大学，所以女儿必须考进大学。而女儿内心的回答是，你想让我上大学，我偏不。虽然在老师的努力下，这位女生最后选择了继续留在学校读书，但要建立起自己的学习内驱力还需要一个过程。

妈妈的情绪对孩子有怎样的影响呢？妈妈的情绪是直接传递

给孩子的。我们曾经遇见过这样的情况：妈妈得了抑郁症，两三个星期后，老师发现孩子在课堂上总是动来动去，注意力难以集中。这就是因为妈妈的情绪传递给了孩子。妈妈焦虑，孩子也容易焦虑；同理，妈妈平静地做自己的事情，孩子也会安心做好自己的事情。

孩子都是慢慢成长的，如果从小陪伴孩子的是一位焦虑的妈妈，那对孩子的成长是很不利的。因为孩子的神经系统还没有发育完备，长期处在紧张当中，很容易出现问题。人的童年是短暂的，其中 6~12 岁应该是最无忧无虑、最快乐的时候。在这短暂的几年里，一个孩子如果没有开心的玩过，那将是他一生的遗憾。

孩子的长大需要等待。一整天的在校学习其实已经够紧张了，放学回到家里，父母要做的是帮孩子缓解紧张。比如，孩子情绪不太好，就想办法哄哄他，吃饭的时候和他聊聊这一天学校里发生的事情，针对让孩子不开心的事情做一些简单的分析，帮助孩子调节情绪。总之，父母的情绪越稳定，孩子就越安心，家庭就越和谐。

孩子的心越安，书越读得好。所以，请父母把心从孩子身上收回到自己身上。父母气定神闲，才能给孩子提供正能量。尤其是妈妈，要学着做太阳，无声地提供光和热，温暖整个家庭；做加油站，在孩子失落的时候，给孩子鼓劲，使孩子有勇气继续前行；做定海神针，维持整个家庭氛围的和谐、稳定；做大地，谦和包容、厚重承载；做流水，灵活不争且勇往直前。

八、家和“苗”更“壮”

学习家庭教育以来，我经常接到妈妈们的“控诉”，控诉的对象主要是让他们“闹心”的孩子和老公。当然，妈妈们最初说的都是孩子的问题，但说着说着，老公的问题就被牵扯出来。

关于孩子的问题，不外乎沉迷游戏、成绩差、逃课、早恋、叛逆、抑郁……可事实是：孩子沉迷于游戏，往往是因为对现实世界失望，在现实中找不到乐趣和价值，所以才转向虚拟世界寻求；没有叛逆的孩子，所谓叛逆，不过是父母觉得自己的权威遭到挑战，但又不愿平等地和孩子对话，而给孩子贴的标签；至于孩子学习困难，除了智力问题，很大程度上是因为他在生活中受到的干扰和控制太多，所以更乐于在学习之外找自主感……

来找我咨询的父母，很多都抱有这样的想法：希望我能和他们的孩子聊一聊，帮他们解决孩子的问题。面对这样的请求，我一般是断然拒绝的。因为孩子问题的“根”不在孩子身上，而在父母身上，唯一正确的做法就是慢慢捋顺孩子和父母、家庭的关系。孩子是家庭的产物，是关系的体现，是能量的一面镜子，是教养的反射。家病了，关系断了，能量死了，教养丢了，却指责一个孩子，这对孩子来说很不公平。

负责任的父母会看见孩子的每一个问题，并探究背后的原因，进而通过修复关系来支持孩子，带孩子一起走过柳暗花明，最终到达一个新境界。而那些焦躁自大的父母，会把孩子的所有问题都归咎于孩子自身，或者推给其他人，比如社会、学校、老师、家里的老人等，然后活在受害者的心态里，怨天尤人。

要挽救孩子，父母首先得修整好自己的心，捋顺家庭的重要关系，特别是夫妻关系。在孩子出问题的家庭里，夫妻关系不好的比例甚高。如果夫妻关系紧张，孩子到了青春期要么会挑战父母，要么会逃避家庭。

夫妻关系被形容为家庭的“定海神针”。在一个家庭中，夫妻关系应该优于亲子关系，但很多时候大家不愿意谈夫妻关系，这与中国人的传统思维有关。中国父母的婚姻幸福感普遍偏低，而不幸福的父母很难养育出幸福的孩子。很多人觉得，想要婚姻幸福，就必须找一个“对”的人。但事实上，这个所谓“对”的人并不一定是符合你所有要求的人。生活并不会给我们量身定制一个爱人，婚姻里总会有各种问题出现，那就把这些问题当作我们成长的课题，勇敢面对，积极反思。首先明晰我是什么样的人，有哪些优缺点，我想要什么，最在意什么；其次明了对方是怎样的人，有哪些长处和不足，他需要什么，最在意什么。在了解和沟通的基础上，找到我可以为自己和对方做些什么，来让自己一点点成为那个合适的人，与此同时，你会发现对方也在逐渐变成一个合适的人。舒服的婚姻，是情投意合的，也是彼此滋养的。当你做对了，夫妻恩爱了，家庭和睦了，孩子自然也会步入正轨。

曾经看到过这样一个视频：节目组问几位妈妈和她们的孩子，“如果满分是 10 分，你会给对方打几分？”妈妈们听到这个问题，第一反应是无奈，继而提起孩子各种不好的习惯，比如吃饭时总是用袖子擦嘴，不吃青菜，爱哭……所以，她们都给孩子扣了分，8 分或者 7 分，甚至还有不及格的。那孩子们呢？令人意外的是，每一个孩子都给了自己的妈妈 10 分。看完孩子的回答，屏幕前的妈妈们都默默流下了眼泪，连声说很惭愧。

遗憾的是，很多家庭就是用这种冷酷的“打分制”对待孩子：孩子学习成绩好，爸妈才会笑，才愿意表扬他、奖励他；一旦考试没考好，爸妈的“爱”就会被无情地收回，孩子会受到冷落甚至惩罚。而且，在大部分父母眼里，自己的孩子即便再优秀也还是不够好，永远离他们预期的差一步。

这样的家庭环境会逼着孩子一路拼命追求优秀，但同时可能会伴随孩子内心对自己的不接纳。我想告诉这样的父母，孩子不是因为优秀才值得父母爱，每个孩子都值父母的 10 分。孩子可以做到爱他们不够优秀、不够完美但足够真实的父母，反过来，父母为什么不可以呢？

家庭教育是父母的自我修行，愿你我与孩子一同成长，学会爱，成为爱！

陪伴孩子走向成绩金字塔的六个台阶

任艳艳

我是一个 14 岁男孩的妈妈，和大多数家长一样，孩子刚出生的时候我唯一的愿望就是他平安、健康、快乐地长大！但是随着时间的推移，孩子渐渐长大，学习成为孩子生活中的主旋律，成绩也自然成为我关注的焦点。在孩子的成长过程中，关注孩子的成绩，是家长们无法回避的一个事实。从古至今，不管在哪个国家、哪个朝代、哪种制度下，通过学习知识改变命运都是亘古不变的真理。

重视学习一直是儒家的重要传统。被尊为“圣人”的孔子“十有五而志于学”（《论语·为政》），并提出“学而时习之，不亦说乎”（《论语·学而》），“温故而知新，可以为师矣”“学而不思则罔，思而不学则殆”（《论语·为政》）等一系列关于学习的重要理论。“夫学须静也，才须学也”，这是诸葛亮在《诫子书》中对自己儿子的谆谆教诲。诸葛亮反复强调“学”的重要性，苦口婆心劝诫儿子“非学无以广才，非志无以成学”，告诫儿子要好学、勤学。再看看那些各行各业的先进、成功人士，他们大多是坚持学习，用知识来成就自己的人生。

有一个故事，令我深受启发，分享给大家：有一个犹太孩子，他一直很困惑，为什么他的同桌想考第一就考了第一，而自己想考第一却只考了全班第二十一名？回家后他问妈妈："妈妈，我是不是比别人笨？我觉得我和他一样听老师的话，一样认真地做作业，可是为什么比他落后？"妈妈听了儿子的话，感觉到儿子开始有自尊心了，而这种自尊心正在被学校的排名伤害着。她望着儿子，没有回答。又一次考试后，孩子考了第十七名，而他的同桌还是第一名。回家后，儿子又问了同样的问题。这一次她真想说，人的智力确实有三六九等，考第一的人，脑子就是比一般的人好用。然而，这样的回答，难道是孩子真想要的答案吗？她庆幸自己没说出口。应该怎样回答儿子的问题呢？有好几次，她真想用那几句被很多父母重复了无数次的话——你太贪玩了，你在学习上还不够勤奋，和别人比起来还不够努力——来搪塞儿子，哪怕一次。然而，像她儿子这样脑袋不够聪明，在班上成绩不甚突出的孩子有很多，所以她没有那么做，她想为儿子的问题找到一个完美的答案。

孩子小学毕业了，虽然他比过去更加刻苦，但依然没有赶上他的同桌，不过与过去相比，他的成绩一直在稳步提高。为了对儿子的进步表示赞赏，她带他去看了一次大海。就是在这次旅行中，这位母亲回答了儿子的问题。他俩坐在沙滩上，母亲指着前面对孩子说："你看那些在海边争食的鸟儿，当海浪打来的时候，小灰雀总能迅速起飞，它们拍打两三下翅膀就升入天空；而海鸥总显得非常笨拙，它们从沙滩飞入天空总要很长时间，然而，真正能飞越大海横过大洋的还是它们。”

这个答案使得很多母亲流下了眼泪，其中包括这个男孩的母亲。多年之后，这个男孩考入了国际一流大学，所取得的成就更是让母亲流下欣慰的眼泪。这就是著名的诺贝尔经济学奖获得者哈耶克的故事。这位母亲先用沉默守护了孩子的自尊，然后用自己的答案巧妙地告诉孩子持之以恒的重要性，并宣告她对孩子的信心。而孩子也体会到了母亲答案中所传递的爱和支持。这份爱和支持就像种子，在孩子心里生根发芽，影响他的一生。

爱表现在尊重与鼓励、耐心陪伴等方面。在爱的前提下，我们有时也需要通过一些方法和技巧来帮助孩子养成良好的学习习惯，提高学习成绩。我把这些方法和技巧称为“六个台阶”。

第一个台阶，给孩子明确学习目标，也就是“立志”

孔子说：“三军可夺帅也，匹夫不可夺志也。”（《论语·子罕》）。王阳明认为：天下第一等事应是读书做圣贤。诸葛亮在《诫外甥书》开篇即告诫外甥：“夫志当存高远，慕先贤，绝情欲，弃凝滞。”诸葛亮不仅自己身体力行立下“兴复汉室，还于旧都”的宏愿，还对后辈谆谆教诲，告诫他们“非澹泊无以明志，非宁静无以致远”。他清楚地知道人生在世一定要有大格局、大志向，要以天下为己任。孟子曾说：“乃所愿，则学孔子。”他当年以学习、传播孔子的学说为己任，后来成为仅次于孔子的“亚圣”。在漫漫历史长河中，这些古圣先贤都立下了“以天下为己任、以社稷为担当”的宏大志向，正是这一代又一代的志存高远者使中华优秀传统文化传承至今。

在今天，我们的孩子学习的志向是什么？我在书店曾经听到一位母亲语重心长地对孩子说："好孩子，再坚持坚持，熬过高中三年，考上大学就没事了。"这种观点对吗？学习是孩子终其一生都要做的事情，他们上大学的年纪，也不过十八九岁，正值学知识、增本领的大好年华，竟然被父母说成了奋斗的终点站！

教育学家研究发现，存在厌学情绪和行为的孩子，其实大部分并非大家想象中那种学习成绩不佳、在学校不受同学和老师待见的孩子。相反，其中有相当一部分孩子，成绩水平中上甚至优秀，与老师和同学的人际关系良好。但是，当问及这些孩子对人生的追求与目标时，答案几乎都是"不知道"。

这是值得我们深思的现象。学生们每天有规律地起床，去学校上课，完成老师布置的家庭作业，看似忙碌而充实，心中却不知道自己为什么要做这些，自己究竟想要的是什么。对他们来说，学习只是为了应付老师、父母的期待，除此之外，学习对他们而言似乎更多的是苦不堪言，并没有太多能够吸引他们的意义和价值。

众所周知，2020年初新冠肺炎疫情在全球蔓延。在新冠肺炎疫情出现初期，大家对这一病毒的危害还不太了解的情况下，钟南山院士不顾个人安危，义无反顾地投入到武汉抗疫前线。这正是仁者的伟大之处，也正是古代先贤所走的心怀天下、济世救民之路。钟南山院士无愧于这个时代，他实事求是的科学精神、临危不惧的英雄气概受到世人称赞，成为抗击疫情的人民英雄，被授予"共和国勋章"。在电影《长津湖》中，我们看到70年前的热血寒战是如此惨烈，参加抗美援朝战役的解放军战士有的出师未捷身先死，有的坚守阵地成冰雕，有的英勇无畏炸敌寇。他们身上彰显着一种超越生死、舍生取义的大格局、大志向、大情怀。所以，父母在孩子价值观形成的重要时期，要引导孩子树立“为国之兴民之安而读书”的远大志向，并引导孩子主动将学习目标与为他人、为社会甚至为人类做贡献相连接，形成一股巨大的前进动力。

上面所阐述的学习目标更倾向于一种宏大的理想或抱负，是一个长期的宏观目标，更适合年龄大一些的学生群体。那么，若是落实到日常学习这个微观目标，我们应该怎么引导孩子呢？

在电影《银河补习班》中，父亲马皓文对不知道长大后要干什么的马飞说：“人生就像射箭，梦想就像箭靶子，如果连箭靶子也找不到的话，你每天拉弓有什么意义？”从没想过这个问题的马飞，听到父亲的话之后若有所思，后来他找到自己的梦想，并为之努力，长大后成了一名优秀的航天飞行员。其实，电影来源于生活，美国宇航员阿姆斯特朗小时候对妈妈说想去月亮上玩，妈妈笑着说：“要记得回来吃晚饭啊。”后来，他成为登月第一人。当他从月球返回地球时，记者问：“此时此刻你最想说的话是什么？”阿姆斯特朗回答：“我想对妈妈说：‘儿子从月球上回来了，我会准时回家吃晚饭。’”所以，家长要帮助孩子根据自身的兴趣特点来确定适合自己且切实可行的学习目标，并告诉他目标是高于现实的东西，需要不懈地努力和奋斗才能实现。

《帝范·崇文》：“取法于上，仅得为中；取法于中，故为其下。”所以，定目标的时候要放宽视野，定高目标，这样才能取得令自己满意的结果。

假如孩子的目标是考入清华、北大，那么，家长就要帮助孩子找到实现这个目标的办法。首先，对照目标找差距，找准努力的方向。如果孩子只有考进班级前三名才有希望，而目前孩子在班级20~30名，那就引导孩子分步、分阶段前进，先考进前十名，逐步靠近目标。其次，分析孩子的分数距离目标还差多少，分析孩子的哪科是短板需要加强，并有针对性地采取提升措施。把远大的目标细化成当下通过努力能实现的一个个小目标，逐一去实现，同时家长要合理把关，确保孩子在追求目标的过程中不偏航。当孩子失败时，父母要鼓励他坚持下去，并帮他分析原因，让他在成长的道路上不断地完善自己，体验成功的喜悦。

家长们要点燃孩子的学习热情。寒暑假，带孩子去清华、北大等双一流学府转转看看，让孩子真真切切地感受到校园里良好的学风和舒适的学习环境；和他们聊聊对未来工作、生活的憧憬，让他们在内心对此产生一种向往，愿意为之努力。虽然不是所有的孩子都能考入清华、北大，但作为家长，当孩子树立考入清华、北大的梦想时，千万不要嘲笑、否定孩子的梦想，应呵护好他们的梦想，鼓励他们做勇敢的追梦人，支持他们为了实现自己的理想而脚踏实地努力拼搏。

第二个台阶，营造学习环境

古时孟母为了给孟子提供良好的学习环境，不辞辛劳，三迁择邻，最终择良地而居，使孟子得受礼乐教化的熏陶。孟母早在两千多年前就已经意识到环境对孩子成长的重要性，不得不令人叹服。当然，影响孩子成才的因素是多方面的，我们不能简单地认为，为孩子买一套有着优质教育资源的学区房，把孩子送进重点学校就万事大吉了。

1966年，美国的约翰·霍普金斯大学的詹姆斯·科尔曼教授通过一系列研究，向国会递交了一份报告（即著名的《科尔曼报告》），报告中指出："当一个国家社会经济条件发展到一定程度的时候，学校教育没有人们想象的那么重要，真正重要的其实是家庭。"好家庭胜过好学校，好父母胜过好老师。

营造良好的学习环境包括两个方面，一是物质环境。大到购买学区房动辄上百万，小到吃穿用度、报兴趣特长班，大多数家长都竭尽可能地给予孩子最好的学习条件和物质支持。对家庭条件好一点的孩子来说，父母要避免养成孩子奢侈浪费、盲目攀比的习气，避免他们养成高傲自私的性格。对父母来说，无论家庭条件怎样，都要以"爱"教育孩子，再穷也得挚爱孩子，再富也不能溺爱孩子。

二是家庭文化环境。家庭文化环境包括家庭布置以及家庭成员的行为方式体现出来的文化气息、文化教养以及亲子共同营造的一种学习氛围。文化是一种状态，是一种意识，是一种生命与生命的对话和交流。文而化之，运用到教育上，就是父母的言行举止内化为孩子的一种情感能量和精神导向，这是家庭教育的最高境界。在浓郁的文化氛围中，孩子自然而然地会喜欢学习，养成主动学习的习惯。

英国哲学家约翰·洛克曾说过："一个孩子将来能成为什么样的人，这完全取决于孩子的父母是何种层次的人，取决于孩子在早期成长过程中所受到何种层次的家庭教育。总之，家庭教育左右着一个孩子一生的命运。”这个观点不可能涵盖所有的家庭，但也说明家庭是一所学校，父母是孩子的第一任老师，在孩子的教育问题上责任重大。那么，怎样给孩子营造良好的学习氛围呢？

1. 父母以心养心，营造民主融洽的家庭氛围

父母与孩子的相处模式对孩子的成长有重大影响。懂得尊重、理解、倾听孩子的父母更容易走进孩子的内心世界，从而与孩子建立起高效的沟通。家庭成员之间的关系对孩子的影响也不容忽视。父母恩爱、关系和睦的家庭里，孩子的生命底色往往是温暖而明媚的，安全感和幸福感更强。一个家庭当中母亲的感情就像一口锅，锅里的温度取决于火，而父亲就是这把火。光有母亲这口锅炖不好教育的这锅汤，还需要父亲这把火。

就拿孩子的专注力培养来说，专注力是孩子学习的关键力，孩子越专注，做事就会越认真，学习成绩就会越好。而家庭是提升孩子专注力的“加油站”，一个孩子只有从家庭中获得了情感和心理上的满足，才会在专注力上表现得更出色。

融洽的家庭环境的营造，良好的家庭教育的实现，离不开夫妻的共同努力。夫妻同心，才能给孩子一个温暖幸福的家，给孩子的成长提供源源不断的动力。

2. 父母以身作则，建设学习型家庭

古人非常重视家长自身素质的提高，强调家长要以身作则，言传身教。孔子曾论述身教的作用：“其身正，不令而行；其身不正，虽令不从。”（《论语·子路》）父母是孩子最主要的模仿对

象，父母的言传身教造就了孩子的模样。孩子看到父母努力工作，他会从内心里认识到每个人都应尽心尽力地做好自己的事情，自己也应该主动做好自己的事情，完成自己的学习任务；看到父母工作之余还在读书学习，孩子自然也不会浪费课余时间，更不会沉溺于网吧打游戏。孟子研究院发放的家长教育调查问卷统计结果显示，孩子在家里写作业时家长在一旁看书的大约占65%，看电视和手机的占25%，一般不在家的占10%，打麻将的家长基本没有。这个数据说明，大部分家长已经意识到要用自己的言行去影响孩子。网上大数据也显示，有读书看报习惯的家庭，子女成绩优秀的比例更高。因此，创建“阅读型”“学习型”的家庭氛围对孩子的学业成长意义重大。相信只要家长好好学习，子女就能天天向上。

2021年7月，国家出台了“双减”政策，要求全面压减中小学生作业总量和时长，校外培训机构不得占用国家法定节假日、休息日及寒暑假期组织学科类培训等。这一利好政策，可以说是进一步强化课堂教学、回归教育初心、助力孩子健康成长的强心针，但同时也是对父母教育智慧、家庭教育理念的一次考验。如何引导孩子合理地利用课余时间，更好地实现自我成长，是家长必须面对的新课题。

在电视剧《少年派》当中，孩子林妙妙在高考来临之际迷上网络直播，影响了学业。她的爸爸虽然反对她做网络直播，但认真看了她的直播，用心走进她、了解她，最后有针对性地用自己的博学打动了误入歧途的孩子，及时把她引导到正常的学习生活中来。后来林妙妙通过自己的努力考上了不错的大学。

所以，孩子成长的根基在家庭，有什么样的家庭，就有什么样的孩子。每个家庭成员都有责任给孩子营造一个良好的家庭环境，为孩子的人生打好坚实的基础。

第三个台阶，激发孩子的学习兴趣

孔子说："知之者不如好之者，好之者不如乐之者。"（《论语·雍也》）蒲松龄也曾说："性痴，则其志凝；故书痴者文必工，艺痴者技必良。世之落拓而无成者，皆自谓不痴者也。"一个人对事物痴迷，则这个人的意志必坚定。所以，对书籍痴迷者，他的文章一定工整；对艺术痴迷者，他的技艺一定优良。世上一事无成的人，大都是因为没有什么执着的追求和坚定的意志。

兴趣是最好的老师，是一个人终身学习和不断创新的不竭的动力和源泉，能变无效为有效，化低效为高效。许多科学家、艺术家，谈到自己成功的原因时，都一再强调自己对学习有浓厚的兴趣。

著名女作家冰心，四五岁的时候，母亲教会她识字，自此她就对读书产生了浓厚的兴趣。据说，有一次她边看书边等洗澡水变凉，结果等到洗澡水都凉透了她还没洗，气得母亲把书抢过去，撕破了扔在地上。小冰心很小心地走过去拾起被撕破的书又看起来，母亲只好作罢。她看书成癖，哪怕是一张纸，只要上面有字，也要看看。正是凭着对阅读的这种强烈的兴趣，最终，冰心在文学上取得了巨大的成就。

培养孩子的学习兴趣，通俗地说就是让孩子爱上学习，认为学习是一件快乐的事，减少或消除孩子在学习中的痛苦。家长可以选择孩子喜欢的科目入手，可以联系孩子感兴趣的话题，也可以让孩子参加一些趣味夏令营，从而引起他对学习的兴趣；还可以当孩子没有信心的时候，选择一些难度较低的事情让孩子做，使孩子获得足够的成就感。

有些家长在孩子小学一二年级的时候就特别在乎孩子的成绩，给孩子太多的压力。孩子回到家，很多家长会问："今天考试了吗？考了多少分？"这样做的后果是什么呢？会促使孩子形成讨好型人格。这是一种不健康的行为模式，不利于孩子的健康成长。比如，孩子明明已经很努力去做了，却总是达不到父母的期望值，他就会对自我产生怀疑甚至否定，进而影响他学习的兴趣。这时，父母要做的不是一味地强调对孩子的期望，而是要看到孩子的努力，并肯定他的努力，支持他，鼓励他。还有一点很重要，家长不要当着孩子的面讨论老师的是非。家长如果对老师的工作有意见或是不满，可以私下和老师进行沟通，千万不要毁掉老师在孩子心目中的形象。老师在孩子心中的形象会直接影响孩子对老师所授课程的学习效果。

培养学习兴趣的方式方法有很多，我总结了三点供大家参考。一是由浅入深，由易到难，一步一个台阶。这样孩子会有一种成就感，就会增强自信心，从而提升学习的兴趣。二是循序渐进。家长千万不要心急，一着急就会焦虑，一焦虑就会浮躁，进而陷入揠苗助长的误区。三是引导孩子学会劳逸结合，会休息的孩子才会学习。

家长们要找到适合自己孩子的教育方法，激发孩子的兴趣，并使其保持兴趣的长久性。

第四个台阶，帮助孩子养成良好的学习习惯

孔子说："少成若天性，习惯如自然。"意思是说，小时候养成的习惯就像人的天性一样自然、坚固，以至于以后所取得的成功、创造的奇迹，都源于小时候养成的习惯。我们都知道成人养成好习惯很难，其实孩子养成好习惯更难。任何一个好习惯的养成都需要坚持，那么靠什么才能坚持下来呢？父母、老师的鼓励与引导特别重要。

如何培养孩子的好习惯？用加法。如何矫正坏习惯？用减法。下面，和大家分享一下培养孩子的阅读习惯和改掉孩子写作业拖拉习惯的方法。

让孩子养成阅读的良好习惯，家长应该抓住孩子阅读的关键期，选好阅读书籍，保证阅读时间，营造亲子阅读氛围，最终实现孩子的独立阅读。孩子的阅读敏感期在4~5岁。家长选阅读书籍不要以让孩子学习为原则，要以孩子喜欢为原则，每天阅读半小时即可。给孩子营造一个温馨的阅读环境，比如漂亮的书架，足够的存书量，这能让孩子在感官中植入书的概念，在潜意识中感受到书是我们生活中的一部分。另外，父母能够读书给孩子听，是陪伴孩子成长的最好方式，也是培养孩子阅读习惯的有效方式。美国诗人史斯克兰·吉利兰曾说："你或许拥有无限的财富，一箱箱的珠宝与一柜柜的黄金，但是你永远不会比我富有，我有读书给我听的妈妈。"

所以，阅读习惯培养的第一步是听故事，主要是培养兴趣。孩子每天听故事，就会产生一种求知欲。比如，有的家长在给孩

子读故事的时候，故意遗漏一些内容，让孩子去发现、纠正。这不仅能督促孩子认真听，还能锻炼孩子的记忆力。第二步是看绘本，看着绘本指读，能增加识字量，为未来大量阅读打基础。第三步是让孩子读感兴趣的书。孩子自己喜欢看，才能沉浸其中，真正感受到阅读的乐趣。如果孩子看到喜欢的内容，自己咯咯笑出声来，那就说明，这本书已经深深地吸引了孩子。让孩子阅读经典是阅读的最后一步。家长只有给孩子选择思想性和艺术性都很强的经典作品，才能让孩子真正有所收获。从家长的陪伴到孩子能够独立阅读，是一个持之以恒、日积月累的漫长过程，需要家长的坚持。让阅读成为孩子终身受益的好习惯，是父母送给孩子最好的礼物。

在培养孩子“读”的习惯的过程中，家长也要引导孩子养成“思”的习惯。孔子说：“学而不思则罔，思而不学则殆。”（《论语·为政》）只学不思会失去自我，只思不学则会让自己陷入封闭孤立状态。孟子说：“尽信《书》，则不如无《书》。”（《孟子·尽心下》）这里的《书》指的是《尚书》。孟子认为读书时应该加以分析，不能迷信书本，要辩证地去看问题。我们要培养孩子发现问题的能力、质疑的能力。读书时，孩子若能够发现问题、提出问题，家长应该给予鼓励。作为父母，任何时候都不要回避孩子提出的问题，浇灭孩子的好奇心，否则会扼杀孩子思考的能力。家长要时刻引导孩子独立面对身边的问题，充分调动他们的思考能力，进而使他们建立对学习的兴趣，形成独立探索的精神。

我在教育孩子、培养孩子良好习惯的过程中也遇到了很多困难，经历了一个漫长的过程。孩子上小学四年级的时候，总喜欢看动画片，这影响了他正常的学习生活。于是，我就用漫画书和故事书转移他的注意力，每天坚持，慢慢减少他看电视的时间，同时增加他阅读的时间，渐渐地他就喜欢上了阅读。通过阅读，他感觉自己的知识储备增加了，写作水平也提高了。后来，他的作文有几次发表在学校的《作文周报》上，得到老师和同学们的认可，这反过来又大大激发了他阅读的热情。另外，他为人处世的准则和价值观的形成也大都得益于读书，读书使他变得更好。

对于孩子而言，考试是家常便饭，考试成绩时好时坏也很正常。有一次，我的孩子没有考好，成绩好的同学无意中的炫耀使他陷入低落的情绪之中。我意识到之后对他说："孩子，你未来会有上百场考试，不可能次次都考得很好，会有成功也会有失败。分数固然重要，但你要做的是得意时不张狂，再接再厉继续努力；失意时不气馁，找出薄弱环节攻克它。"孩子听了之后很高兴地说："您说的是中庸的做法吧，我知道了。"从此之后，再遇到问题，他就能很好地调整自己的学习状态和心态了。

"不谈作业时，母慈子孝，连搂带抱；一做作业，鸡飞狗跳，让老人血压升高，让邻居不能睡觉！"大概很多家长对这段话都有切身体会——陪孩子写作业，属于高危职业。

孩子刚上小学时，写作业特别拖拉。别人家的孩子晚饭前就能完成作业，而我家的孩子拖拖拉拉，至少要写到晚上 10 点。后来，我与他约法三章：准备工作提前做，各科作业安静做，困难问题最后做。如果每次写作业离开座位的次数能减少到 3 次，就能获得看一集动画片的奖励。坚持了两个月之后情况有所改善，我便将离座次数减少到 2 次、1 次，最终改变了他写作业拖拉的习惯。现在孩子上初中了，能够自主合理地利用时间，晚上9点左右基本都能写完作业睡觉。目前孩子基本能够自主学习、复习，但还是存在不够勤奋、刻苦的缺点，对此我向他摆明了几点态度：一、我爱你没有任何条件，和你的成绩无关，因为你是我的孩子。二、学习是你自己的事，有没有努力你自己知道，结果不会陪你演戏。三、学习习惯和态度比成绩重要。在这样的教育引导下，他从来不会担心因考得差受到批评，因为错了可以改，不会可以学，这次考差了，分析原因，下次可以迎头赶上；但是作业不按时完成，有错不改，敷衍了事，不认真，没有全力以赴，他会得到批评或惩罚。

在培养孩子良好习惯的过程中，家长一定要有耐心。好习惯的养成不是一蹴而就的，需要较长的时间，中间可以辅以表扬、鼓励、奖励、惩罚等各种手段，直到孩子养成好习惯。

第五个台阶，端正孩子的学习态度

《列女传》中记载了“孟母断织”的故事：有一次，孟子因为贪玩而逃学回家，他母亲问他学习怎么样了，他说“自若也”，没有进步也没有退步。孟母听后非常生气，当即拿起剪刀，剪断了正在织的布。孟子见此，惊恐不已。孟母见孟子有悔改之意，就趁机对孟子进行教育，告诉他：“你荒废学业，就如同我剪断这布一样。”学习态度不端正，半途而废，终将一事无成。

我们在求学阶段大概都有被父母询问学习情况的经历，应对时或战战兢兢，或自信满满。孟子回答“自若也”，没进步也没退步，一般的家长可能会接受这个答案，不再深究，但孟母的伟大就在于从孟子的回答中直接看到问题本质所在，意识到孟子的学习态度不端正，有“废学”的危险。这时，孟母没有简单地说教，而是做出“断织”的举动。孟母切断的是家庭收入的重要来源，这对孟子来说有着极强的震慑力。然后孟母趁机对孟子进行说教，最终取得了很好的教育效果。从此以后，孟子发奋苦读，终于成为名扬天下的大学者。孟母也因此堪称母教的典范。

为什么要强调学习态度的重要性呢？一个学生有积极主动的学习态度，说明他对学习的意义有明确的认识。懂得学习的重要性，在学习中才能够自主自觉，在遇到困难的时候才能够主动克服，积极进取，保持长久的动力，朝着既定的学习目标不懈努力。一个具有消极被动的学习态度的学生往往认识不到学习的重要性，在学习过程中遇到困难就会采取逃避或抱怨的态度，而不去主动寻求解决的办法，容易半途而废。因此，学习态度的好坏，不仅直接影响着学生的学习成效，而且直接关系到学生个性和人格的形成与发展。形成积极主动的学习态度，对每一个学生都具有极为重要的意义。

家长可从以下方面来评判孩子的学习态度是否端正：上课能否认真听讲，作业能否按时完成，有错误能否及时改正。这些都可以通过老师了解。

在孩子的学习问题上，家长要发挥权威作用，对孩子严格要求，按时检查孩子的作业和功课。家长检查的侧重点应放在孩子写作业的态度上，包括是否按时完成、字迹是否工整、卷面是否整洁等方面。总之，态度比成绩更重要。

同时，家长也要端正态度，积极配合学校的教育，不要敷衍老师、抱怨老师，给孩子造成消极的影响。比如，学校经常让孩子做手抄报，很多家长都觉得这是一件很麻烦的事，带着孩子去买纸和画笔的时候便抱怨："你们老师怎么这么多事儿！"这是不对的。家长对老师布置的作业或任务的态度也会影响孩子的态度。

学习态度看似是学生自己的事情，但是会受到家庭、老师、同学等很多外部因素的影响，所以，家长要多和孩子沟通，了解孩子的想法，帮助孩子端正学习态度。

第六个台阶，引导孩子掌握学习方法

"学海无涯苦作舟。""一个人成功的秘诀是三分天才和七分勤奋。"这两句话是很多人的座右铭。但学习除了勤奋还要讲究方法。家长在平时要注意引导孩子掌握科学的学习方法，不要一味死记硬背，只有理解、领悟了，才能更高效地学习。在学习这个问题上，有时候方法比蛮力更有效。俗话说："劈柴不照纹，累死劈柴人。"也就是说，不讲究方法，只是一味地埋头苦干，很可能会徒劳无功；而找到了科学、有效的学习方法，则可能获得事半功倍的学习效果。

学习就像过河，科学的学习方法就好比桥和船，不解决桥和船的问题，孩子可能永远都到不了河对岸。如何帮孩子掌握好的学习方法，我在这里分享以下三点：

1. 化整为零，动静结合

家长要引导孩子珍惜并合理利用时间，提高学习效率。可以把最重要的任务安排在一天当中做事效率最高的时间去做。比如背英语单词、语文课文等事情，最好在头脑最清醒的时候去做。

每天定好目标，克服惰性，养成习惯，当日任务当日清。这样孩子学起来就会相对轻松一点，不用临时抱佛脚。

华罗庚曾做过一个时间统筹实验，通过“泡茶的过程”向我们阐释了统筹安排时间的重要性：洗好开水壶，灌上凉水，放在火上；在等待水开的时候，洗茶壶、洗茶杯、拿茶叶；等水开了，泡茶喝。科学地统筹安排时间，才能在最短的时间内完成更多的工作量。比如读书，如果你想达到更好的读书效果，就不能单一地读，最好手眼并用，边读边做笔记。梁启超先生认为：极陈旧的极笨极麻烦的，然而实在是极必要的读书方法就是抄录或笔记。因此，读书的时候，建议大家提前准备好“三个一”：一本书、一个本、一支笔。读书过程需要多种感官的协作进行，要动眼、动脑、动笔，要阅读、思考、记录同步进行，眼过千遍不如手过一遍。只有这样读书，才能达到最佳的阅读效果。

2. 化无趣为有趣，变低效为高效

以中国地图上的行政区划为例，如果让孩子生硬地去记哪个省份在哪个区位，实在不太容易记住。但如果把中国地图想象成一只雄鸡，鸡冠在什么位置，对应哪个省份，有哪些山川河流，鸡尾在什么位置，对应哪个省份，有哪些重要城市和名胜古迹，这样把“死”的地图形象化，让它“活起来”，记忆起来就会容易很多。世界地图的记忆也一样，比如，把日本想象成一只海马，把伊朗想象成一顶草帽，等等。把陌生的事物生动化、具象化，再买个拼图拼一拼，手脑并用，记忆效果就会事半功倍。

3. 化学习为生活，活学活用

在孩子的学业时间和家庭经济条件允许的情况下，家长可以多关注孩子的学习内容和学习进度，并将孩子的学习内容同步转化为家庭生活中的亲子活动，将有字书和“无字书”结合起来，真正做到知行合一，让孩子“活读书，读活书”。比如，孩子数学课学算术，那就带他去买菜，让他计算找零钱；语文课学到黄山，那就带他去实地感受黄山之美；历史课学明清史，便可以和孩子一起看《大明王朝》《雍正王朝》等历史剧，也可以带孩子去参观故宫；学习生物知识，可以带孩子多走进大自然，到动物园、植物园或各种科技馆去参观学习，以增长知识，开阔视野，活跃思维。另外，家长可以结合身边正在发生的大事，适时对孩子进行科普教育、价值观教育。比如这两年，在抗击新冠肺炎疫情的过程中，涌现出很多感人事迹，一方面，家长可以以此为契机给孩子购买相关的科普图书，让孩子了解什么是病毒，如何防范等；另一方面，家长可以结合抗疫中涌现的感人事迹、典型人物，引导孩子树立正确的价值观，建立高尚的人生目标，培养孩子的家国情怀。

人生的路很长，挫折、磨难都是正常的人生历练。作为父母，我们要明确自己在孩子生命中的地位和作用，如此才能更好地陪孩子长大。

我们生孩子的目的是什么？我看到过一个最美的答案：为了参与一个生命的成长，不用替我争门面，不用为我传宗接代，更不用帮我养老。我只要这个生命存在，在这个美丽的世界走一遭，让我有机会和他同行一段……所以无论我们希望孩子将来怎样，作为家长，我们都要尽心培养孩子，用心陪伴孩子，以平常心看待孩子的进步与退步、成功与失败、优秀与平凡。

教育从启蒙抓起，幸福伴孩子一生

房亚南

一、0~6 岁学前儿童教育的重要性

在中国古代，婴幼儿教育被称为“蒙学”，最早来源于《易经》。现在我们常把 0~3 岁的教育叫作启蒙教育，就是出自这里。《尚书 · 召诰》中也记载了西周时期太保召公在祭祀时对周成王的劝诫：“若生子，罔不在厥初生，自贻哲命。”意思是，若是生下儿子，就要在刚出生时对他进行教育，从而使他命途通达。除此之外，外国也有许多关于早期教育的记载，比如这个发生在 100 多年前的故事：一位妇人请教进化论的创始人达尔文，“什么时候开始培养孩子是最好的时机？”达尔文问她：“您的孩子多大了？”夫人答道：“才两岁半。”达尔文摇了摇头，惋惜地说：“夫人，您已经晚了，晚了两年半。”这个故事意在说明，儿童教育从 0 岁就应该开始了。可见古今中外，大家都非常重视儿童的早期教育。

在我们国家，九年义务教育入学的最低年龄要求是6周岁。6岁以前，孩子虽然也不同程度地接触幼儿园生活，但实际上绝大多数时间都是在家里度过的。因此，家庭对儿童的早期成长有着至关重要的影响。家长是孩子名副其实的第一任老师，对孩子的健康成长负有主要责任。当然，家庭教育对孩子的各个成长阶段来说都很重要，但是0~6岁学前儿童的家庭教育有着其他时期不可比拟的意义。

有句俗语叫“三岁看大，七岁看老”，就很好地诠释了孩子发育的特点和规律。根据权威脑科学和生命科学研究，一个人出生时脑重量约为370克，到6月龄时脑重量约增加1倍，到3岁就达到1200克，大约是成人脑总量的85%了。3岁以后脑细胞数量不再增加，神经细胞的分化也在此时基本完成。3~6岁在儿童教育研究领域又被称为“潮湿的水泥”时期，也就是孩子性格的形成期。在这一阶段，孩子的性格像“潮湿的水泥”般具有很强的可塑性。此后，“水泥”慢慢凝固，孩子的基本性格固定下来，很难再有改变。孩子一生中80%~90%的性格特征、志向理想、生活方式，都在这个阶段成型。由此可见，0~6岁孩子的教育比其他任何时期都要重要，对孩子一生的影响也是决定性的。这一时期稍纵即逝，若未能好好把握，任何学校教育、社会教育都将无法改变且无法弥补。

这个时期的教育如此重要，却也是在生活中最容易被家长忽视的。很多家长还停留在老观念里，认为0~6岁孩子的重心就是玩，应该等上了学才开始教育。这种错误的教育理念使孩子一生中最宝贵、最重要的潜能开发期被荒废。等孩子长大了，家长才慢慢发现因为当初的疏忽，导致自己孩子各方面的能力没有得到很好的开发，同样的事情要比别人付出更多的努力才能完成。也有家长虽然意识到了 0~6 岁教育的重要性，但由于缺乏科学有效的指导，又急于求成，最终费尽力气，不仅没起到好的作用，反而使孩子越走越偏，甚至对孩子造成不可逆的伤害。所以，要想抓住 0~6 岁这个关键的教育时期，首先要对这一时期孩子的发育特点有正确的认识。

二、0~6 岁婴幼儿发育的特点

0~6 岁的幼儿正是身体各种机能迅速发育的时期，这一阶段的教育重点，就是找到合适的办法让孩子接受丰富而有益的刺激，这些刺激都会在幼儿的大脑里留下深刻的印象，促进孩子的发育，进而为成长、发展奠定良好的基础。相反，有害的刺激会对孩子以后的发展产生不良的影响，这种影响有可能会影响孩子的一生。所以什么时候刺激、怎么刺激和保护，都是有讲究的。

这里我们先明确一个概念：儿童心理发展过程中有一些特定的时期，相对于其他时期更容易学习某种知识和行为，心理过程的某个方面发展得最为迅速，这种时期在心理学上称为“敏感期”，也叫关键期。在敏感期内，越早给婴幼儿进行教育和训练，他们的大脑就越聪明、越灵活。如果错过敏感期教育，日后要想发展某个方面，面对的困难会更多，需要付出的精力和时间也会更多。

按照 0~6 岁婴幼儿的思维模式，我们将这一阶段婴幼儿的发育特点总结为以下几点：

1. 爱我你就抱抱我

日本教育学家井深大说："如果婴儿已经感到你的关心和爱抚，这就说明你在教育他了。"这句话非常适合从出生到 4 个月左右的婴儿。这时候孩子太小，父母和孩子交流基本都是通过各种感官（视觉、听觉、味觉、嗅觉和触觉）进行的。这个阶段也是孩子第一个敏感期——感官敏感期。哈佛医学院就孩子成长与父母的关爱做过一项研究，提出缺乏爱的触摸会影响孩子的成长，例如，缺乏拥抱就可能造成分泌失调。所以在这个关键期对孩子的教育很简单——要是真爱我，你就抱抱我。及时满足孩子的需要，饿了及时喂，拉了尿了及时换尿布，烦了马上抱，哭了立刻哄。在孩子清醒的时候跟他进行目光交流，温柔地抚摸孩子的全身并跟他轻声说话，让孩子短时间在床上趴一趴，做健康操活动活动孩子的肢体和关节，给他看鲜艳的玩具和卡片，给他听悦耳的铃声和轻柔的音乐。父母不要小看这些身体动作，这也是一种语言，会给孩子传达"我好喜欢你""没关系""你真聪明"等这样的信息。这些能够刺激孩子各种感官的做法，会让孩子及时获得满足感和安全感，会让孩子对家长和这个新世界产生信赖和认同，也会使孩子对自己充满信心。

2. 闲得难受

孩子在出生之后的一段时间里基本上是吃了睡、睡了吃，除饿了哭以外，基本都是很安静的存在。可到满月以后孩子就开始不愿意自己躺着了，一会儿要抱抱，一会儿要蹬腿，一会儿要翻身，这就说明孩子开始进入人生第一个运动敏感期了。从第 4 个月开始，大约到第 18 个月是婴儿运动能力发展的关键期，其中有很多典型的表现。比如，孩子到八九个月大的时候，我们会突然发现孩子不好抱了，不停在身上窜，坐着抱也不行，非要在身上蹦跶、乱动，用“五脊六兽”来形容一点都不为过。从 1 岁半开始，孩子爱用手扔东西，甚至会出现“打人”“踢人”等攻击行为。孩子出现这种情况的时候，很多父母会觉得莫名其妙，非常生气，甚至粗暴制止、打骂孩子。其实从孩子的角度来说，以上所有的表现都是他们在不自主地进行肌肉运动的练习，是运动能力飞速提升的表现。父母应该抓住这个关键期，加强孩子的运动练习，比如从满月起，用手推着孩子的脚丫训练他爬行。4 个月左右的孩子开始喜欢玩玩具，家长就可以从孩子 3 个月开始，在他小床的上空悬挂一些玩具，让他用手去抓。八九个月的孩子差不多能学会爬了。从孩子六七个月的时候开始，家长可以在他前面放一两件玩具，吸引他向前爬，尝试着让他去抓取玩具。这样坚持下去，不但能锻炼孩子的运动能力和技巧，而且能很好地培养孩子的专注力、勇气和意志力，为其以后身体素质的发展、大脑思维方式的建立打下非常坚实的基础。

在这个时期，孩子扔东西、踢人、打人等这些攻击行为是普遍存在的。他们常常怀着一种玩的心理去试探自己的行为能力，或者试探大人们的反应，打完人后他们就等着看“好戏”。在这个时期遇到孩子的这种行为，千万不要表现出很生气的样子，更不要采取强硬的手段批评、打骂孩子。孩子天生爱尝试并重复那些有趣又能产生刺激后果、引起成人注意的行为，这个时候你的情绪波动越大，越能引起孩子的兴趣。他们觉得这种行为可以引起大人的注意，就会反复做出这种动作。所以当孩子出现一些攻击性行为或其他不好的行为时，大人正确的做法就是让他的行为变得毫无意义，他自然就放弃了。比如他扔了东西，你假装看不到并迅速转移他的注意力，喊他一起去拍皮球或玩其他游戏，这样他很快就会忘掉这件事儿，以后也就不会经常做这种动作了。

3. 我不是自私

两岁多的孩子突然开始经常说“这是我的”“那是我的”，什么东西都不肯和别人分享，即便有一堆玩具可以选择，他也总是看到别人玩什么就去抢什么。如果孩子有了这些表现，那就说明他已经进入物权意识的敏感期。亲爱的爸爸妈妈千万不要认为这是孩子自私，非要想办法把他这“毛病”改掉。其实孩子的上述表现是在进行物权归属的练习，通过对玩具归属权的确认，来认知他与外界物品的关系。教育专家常说，两岁孩子的哲学是“我的，我的，什么都是我的”。我们也应该理解这个阶段孩子的行为，而不是乱贴标签。帮孩子顺利渡过物权意识敏感期的正确做法是，在孩子表现特别明显时，不要和他较真，更不要过分谴责，只要制止就可以了。之后再寻找适当的机会，比如别的孩子与自家孩子分享玩具的时候，提醒他：“小朋友把玩具分给你玩，你高兴吗？”当他点头时，再告诉他，“你把玩具分给他们玩，他们也会很高兴”。这样反复几次之后，再让他尝试把玩具分给别的孩子。通过这种练习，孩子就会知道玩具是属于他的，分给别人玩之后还能要回来，并且分享能带来快乐，这样他就慢慢地学会了分享。所以，孩子小的时候，家长千万不要过于着急地培养孩子大公无私的品质。

4. 必须重新来

从孩子 3 岁左右开始，家长会发现在家里会出现很多必须“重新来”的事情。比如，有一次我儿子出去玩，下楼梯的时候磨磨蹭蹭，我就把他抱起来走下楼，结果他大哭大闹，非要回到刚才我抱他的位置重新下楼。有时候，没有让他按开关或者关门，必须重新来一遍；没让他拿毛巾，也要重来一遍。这个年龄阶段的孩子，凡事都要按照他认为的顺序和意图来，否则就要重来。这就是到了孩子的秩序敏感期。他们会在生活的小事中建立自己的“秩序”，并极力去维护自己的“秩序”。他们有自己的秩序感，这种秩序感一旦被破坏，他们就会感到崩溃。对于秩序敏感期的孩子，我们应该帮助他们建立秩序感，而不是为了让他们改变“任性”，刻意地、自以为是地强迫他们怎么做。我们可以抽时间陪孩子一起做一些秩序感强的小游戏，比如一遍又一遍地垒积木；把玩具车门打开，让驾驶员进去，再关上门，等等。陪孩子在具有“安全感”的环境中，用重复的方法来感知秩序的存在，会启发与锻炼孩子的秩序感。这样培养出来的孩子会比其他孩子具有更强的自理能力、更强的规则意识，同时能帮助孩子养成更多良好的习惯。如果错过这个时期，以后再让孩子建立秩序感时，他会感到不适应，变得任性或恐惧。这个阶段是孩子首次接受社会规范、道德观和价值观学习的关键时期，也是最容易习得秩序感的时期。

5. 我是百变超人

从 4 岁开始一直持续到六七岁，家长会发现孩子们会给自己一个又一个身份，比如，“我是警察”“我是霸王龙”“我是小猪佩奇”“我是白雪公主”，等等。这就标志着孩子进入了身份确认敏感期。这种现象的产生是因为四五岁的孩子在精神上刚刚与父母脱离，他们总觉得自己很弱小，所以希望自己变得高大起来，而动画片或书中各种各样的形象正好可以满足他们这种内心需求。所以孩子就会选择把自己的偶像投入到角色扮演中，不仅会寻找类似的服装、玩具，还会模仿偶像的行为举止。这个时期这种有趣的现象就比较多，比如，穿着白雪公主服装的小朋友，你必须叫她白雪公主她才答应你；穿着警察服装的小朋友说他自己是解放军，你要说他是警察他就会生气。处于这一时期的孩子，他的身份不允许别人有一丁点质疑。事实上，孩子自我身份确认的过程，就是他们开始透过自己的偶像来表达自己的一个过程。他们会吸取偶像的某些特质来不断地充实自己，从而形成良好的人格特征。因此，身份确认敏感期是父母帮助孩子构建自我、塑造性格的最好的时机。比如，孩子迷恋孙悟空，可能会模仿孙悟空与妖怪打斗，甚至会欺负其他小朋友，这时，父母就可以告诉他：“孙悟空打妖怪是为了保护师傅，而不是展示自己的强大。”那么他就不会欺小凌弱了，甚至还会勇敢地保护弱者。同时，父母还可以借助偶像的力量帮助孩子纠正坏习惯，养成好习惯。比如，孩子不爱吃蔬菜，父母可以这样对他说：“孙悟空最爱吃蔬菜了，吃了蔬菜之后，他就有力量去对付妖怪了。”如此一来，孩子就会尝试着吃蔬菜。在这一时期，父母引导孩子模仿阳光、积极的偶像，往往能在孩子的习惯养成、人格培养方面起到事半功倍的效果。

三、0~6 岁婴幼儿的教育理念和方法

0~6 岁孩子成长的过程中不同的敏感期还有很多，比如识别敏感期、阅读敏感期、语言发展敏感期、逻辑数学敏感期等。我们不难发现，对 0~6 岁的孩子，仅仅靠主观判断去抚养和教育是不够的，只有对孩子的成长、发展规律有基本的了解，对孩子在某些特定阶段的行为表现有正确的认识，才不会把孩子发展过程中的正常现象当作不懂事，才不会把我们的无知当作惩罚孩子的理由。

科学的育儿知识和技能固然重要，但科学育儿的理念和心态更重要。每个孩子都是独一无二的，他们敏感期的时间段和表现都会有所不同。比如，有的孩子 8 个月就会走路，但不会说话；有的孩子 1 岁半还走不利索，但语言表达能力已经非常强了。每个孩子都有自己独特的潜质、天赋和成长节奏。父母想要找到适合自己孩子的教育方法，就要从正确的理念和心态开始。反过来说，有了正确的育儿理念和心态，何愁找不到合适的方法呢？下面我就结合 0~6 岁孩子的发育特点，给大家分享几条育儿理念和方法。

1. 孩子是我的

说到这个大家可能会质疑，我生的孩子不是我的还能是谁的？当然，在生理和血缘关系上，谁生的孩子肯定是谁的。但从心理认知的角度来说，谁生的孩子却不一定是谁的，或者说在孩子的心目中，自己的爸爸妈妈有可能是任何其他人。据说慈禧驾崩前，连下了三道懿旨交代后事，其中最重要的一件事就是命醇

亲王的儿子溥仪来继承皇位。那时候的溥仪不过是个刚会说话的孩子，看到来接他入宫的太监，吓得大哭不止，死活不愿意离开王府。最后太监们说把溥仪的奶妈一起带到宫里，溥仪才跟着进了宫。进宫后，溥仪虽然是皇帝，但是年龄比较小，遇到事儿就哭，也只有奶妈一个人能劝好。溥仪 9 岁的时候，奶妈被赶出了宫，但溥仪一直惦记着他的奶妈。在伪满洲国的时候，他还专门将自己的奶妈接来一起住。由此可见，对于溥仪来说，他的母亲就不是自己的亲生母亲，而是奶妈。其中的原因很简单，从他有认知以来，奶妈就是唯一扮演他母亲角色的人。这在心理学上叫依恋关系。

科学家指出，0~6 岁的孩子会经历依恋阶段。在经历这个阶段时，孩子会与照料者建立起一种持久的情感链接。当孩子对照料者产生了依恋，他们之间就会建立起一种相互作用的心理模型。在婴儿的本能认知里，只有真正照顾他、陪伴他、给予他爱的人才是他的爸爸妈妈。狼孩的故事更能说明这一现象。一个婴儿从小被养在狼窝里，他的所有行为、习性都和狼一样，即使后来他得到了解救，大家也竭力帮助他回归正常人的生活，但无论是他的行为习惯、语言还是性格都很难回到正常人的状态，因为在他的认知里他的妈妈永远是那只狼。

知名心理学专家李玫瑾教授曾在讲课时说过一句话：自己的孩子自己养，要么就别生。人类在生命的初期是最无能、最无助的。孩子生下来之后，三小时一顿奶，还要拍嗝、换尿布……在这个辛苦的抚养过程中，你每一次把孩子抱在怀中，孩子都在感受你的体温，细嗅你的味道，注视你的脸庞，倾听你的声音。也正是在这样的接触中，父母逐渐成为孩子的依靠，孩子会期待父母的靠近，这种感情就是依恋。这种含有感情成分的心理依赖关系会使儿童自觉自愿地接受抚养人在管教和观念方面的影响。相反，如果没有婴幼儿期的亲自抚养，父母就无法和孩子建立起依恋关系，在孩子后期的教育中就会事倍功半。“亲其亲，信其道”，如果孩子早年对教养者没有建立起依恋心理，教养者光给孩子讲道理，讲一百遍也没有用。所以，父母在孩子出生后要尽最大可能地把时间留给孩子，只有真正陪伴孩子、爱护孩子，孩子才是你的。

2. 爸爸去哪儿了

教育家斯宾塞说：“父亲是孩子通往外部世界的引路人。在孩子教育中，无论是性格培养还是情感教育，无论是智力训练还是道德品质的培养，父亲都产生巨大的影响。”然而，在现实生活中受传统育儿观念的影响，父亲对幼儿教养的参与是相对缺失的，尤其是在孩子 0~6 岁阶段，通常由母亲承担儿童在家庭中养和教的大部分甚至全部责任，父亲则常常忽略了他们在家庭中的角色，对孩子的教养微乎其微。

中国有句古话叫“子不教，父之过”，没有人说“子不教，母之过”，这就足以说明父亲对孩子的成长应当负起主要的责任。在爸爸和孩子的相处过程中，爸爸的刚强、坚毅，带给孩子更多的是身体素质的成长基点。一般而言，男性的理性思维能力强一些，动手能力强一些，所以，在爸爸的陪伴下长大的孩子逻辑思维能力可能更强。世界卫生组织最新研究成果表明，平均每天能与父亲共处 2 个小时以上的孩子智商更高，男孩更像小男子汉，女孩长大后更懂得如何与异性交往。美国耶鲁大学有一项研究表明：父亲在孩子 1 岁时就介入孩子的家庭教育比在孩子 2 岁或者 3 岁时才介入更能影响孩子的智力水平。爸爸多陪伴、教育孩子，就会让孩子责任感更强、幸福感更强、创造力更强，对婚姻家庭的认识也会更全面。所以作为爸爸，不管您多忙、多累、压力多大，都应该抽出时间来陪陪孩子，让孩子形成完整的人格。

父亲陪伴孩子最有效的方法就是与孩子一起做游戏。爸爸可以观察孩子喜欢玩什么游戏，然后积极地参与进去，在玩游戏的过程中与孩子进行互动。有研究表明，在孩子婴幼儿时期，父亲与孩子一起做游戏可以给双方带来比较愉快的感觉。爸爸陪伴孩子进行户外运动，能带给孩子独有的冲击力，也会让孩子对爸爸的信任和依赖程度更高。

在这里也要特别强调，很多母亲特别是在孩子婴幼儿阶段的母亲，会有意识无意识地对父亲参与孩子的养育产生一种防护心理。尤其是比较强势的母亲，看见爸爸在为孩子换尿布或穿衣服时表现得笨手笨脚，就担心爸爸会碰伤孩子幼小的身体，表现出不耐烦或者对孩子的爸爸进行责备，又或者马上让爸爸住手。事实上，正是这种没必要的担心打击了父亲参与孩子养育的积极性。相反，假如能够给孩子父亲锻炼的机会，像这种简单的事情，他们很快就会做得熟练，甚至比母亲做得还好。所以，无论是孩子的母亲还是孩子的祖父母，都应该为孩子的父亲创造机会，让他们有更多的时间和空间参与到孩子的养育中来。

3. 是我不懂你

谈到孩子的教育问题，任何一个家长都会有很多的话要说，更有很多的苦要诉。在家长交流的诸多话题中，孩子不听话好像是一个热点话题。前段时间，我在超市碰到一位妈妈领着一个两岁多的小女孩买衣服。妈妈相中了一件漂亮的外套，想让孩子试一试，可孩子偏不试，而是抱着展台上的一双旅游鞋不放，非要买，妈妈坚决不同意。最后孩子号啕大哭，外套也没买成。妈妈气呼呼地一边走一边说："没见过像你这样不听话的孩子，这么漂亮的外套你不要，非要买鞋子，这么不听话，真让你气死了。"大家仔细想想，造成这种结局到底是谁的原因呢？

孩子在婴幼儿时期一直处于自我意识的发展阶段，很多时候还不能区分自己的意愿和别人的意愿，更不一定能理解别人的想法。他们很单纯也很直接，就想顽强地表达自己的意愿。但是这种表达往往与成年人的要求相抵触，于是孩子就会有挫败感，从而出现反抗行为。而家长往往只站在大人的角度去想：我就是来给你买外套的啊，这件外套很好看，你有什么理由不要呢？那如果从孩子的角度来考虑呢？她会想：你为什么要给我买外套啊？我不想买外套，我想买鞋啊。

孩子才四五岁，思维发展水平还不高，思维缺乏灵活性，因此常常显得"死心眼儿"。他们的情绪控制能力还很弱，一旦感到不满，就会以吵嚷、哭闹等形式表现出来，而这些表现都是这个年龄段的孩子应该有且肯定会有的。如果能知道这个原因，在遇到事情的时候，我们就不会责怪孩子不懂事、不听话，而是去反思我们自己的做法。

《孟子》中说："爱人不亲，反其仁；治人不治，反其智；礼人不答，反其敬。行有不得者，皆反求诸己。"爱人却不能使人来亲近，就要反省自己的仁；管理人却没有管理好，就要反省自己的智；礼貌待人却得不到回应，就要反省自己的敬。行为没有达到预期的效果，都要反省检讨自己。0~6岁孩子的世界很单纯，喜怒哀乐从来不拐弯，家长在明白了这些规律之后，就会知道并不是所有的错都在孩子，更多时候是因为我们不懂孩子的真实想法。所以，家长们遇到这种所谓的孩子不听话的事情时，不妨转换一下思维，用简单有效的办法来达到更好的效果。还以上面那个妈妈带小女孩买外套的事情为例，我们可以这样和孩子说：今天我们要去商场给你选一件漂亮的外套，咱们比一比谁最先选到漂亮的外套好不好？如果买到一件漂亮的外套穿上，宝贝就能像白雪公主一样漂亮。

在家庭教育中建立了良好的亲子关系，亲情就可以双向交流，家庭教育就会多几分顺利。这就需要家长深刻体察孩子潜在的行为动因，学会蹲下来，从孩子的角度去思考、理解和处理问题，这样亲子之间的关系就会更加融洽。

4. 不是养鸭子

现在不少家长知道早期教育的重要性，看了很多早教书、早教广告，导致自己很恐慌，生怕不让孩子学点什么，自己的孩子就会输在起跑线上，于是从小就训练孩子认字、识数、背诗、画画、唱歌。其实，父母要求孩子学习和掌握各种技能、经验，肯定会占用孩子和同伴玩耍的时间，同时使孩子失去与家人交流的时机，失去感受大自然美好的契机，同样，也使孩子失去了发挥童真的欢快时光。更有一部分家长期望值过高，过于着急，经常向孩子灌输大量不适合其早期学习的知识。就以认字为例，科学研究表明，3 岁以下的孩子大脑发育根本达不到识字的水平，他们根本不懂字的意思，更无法体会为什么要认字，自然也体会不到任何乐趣。很多家长觉得孩子认识大量文字、会背很多诗词是一件非常值得骄傲的事情，却不知道这种行为很容易让孩子产生厌学的心理，会对孩子将来真正的识字学习带来很大的干扰。所以，父母对幼儿不可进行“填鸭式”“灌输式”的教育，要知道我们是在培养健康的孩子，而不是养鸭子。

说到父母让孩子学习各种知识、才艺，还有一点值得注意：我们更不可以把孩子当成马戏团的演员。很多时候家里来了客人，家长就会招呼孩子：来来来，唱首歌，跳个舞，背首唐诗……若是孩子主动表演，那肯定没问题，但千万不要强迫孩子表演节目，这种满足家长虚荣心的行为，其实是不尊重孩子的行为，会使孩子在成长过程中将所有的注意力用于取悦别人，活在别人的评价里，长大后，一旦别人不认可他，他就会觉得备受打击。

孩子天性就爱玩，3 岁以前的孩子更是如此。对他们的培养，重要的并不是让他们尽早多认几个汉字或做几道算术题，而是及早培养他们对学习的兴趣和良好的习惯，这种培养应该用孩子感兴趣的方式。培养孩子认识几何图形，可以用更形象的方式启发他们，比如，教孩子吃过的蛋挞是什么形状，我们看到的气球是什么形状，等等，让孩子对几何图形有一个感性的认识。只有孩子神经最兴奋的时候，才是孩子学习的最佳时间。让孩子主动学习、乐于接受，而不是被动填鸭，这才是最正确的教育方式。

5.“倒车”是好事

我们经常会发现一些特别的现象，比如，四五个月大的孩子已经可以睡整觉了，睡眠也很规律，但6个月的时候突然夜里又哭闹，不好好睡觉；孩子1岁多时说话口齿已经很清晰，2岁多的时候突然说话又结结巴巴；孩子一直都很有礼貌，可3岁左右的时候又突然爱哭闹，还经常攻击别人；孩子五六岁的时候，从原本自立型的大孩子又变成依赖型的小宝宝了，做所有事情都需要家长的帮助。这些都是在孩子成长过程中经常出现的正常“倒车”现象，家长不必过于担心，也不必急于纠正。

这种“倒退”现象是儿童成长过程中“螺旋式”发展的表现。孩子在某些方面表现出的所谓“倒退”，常常与另一方面能力的快速发展有关。就像上面提到的，6~9个月大的孩子不好好睡觉，大多是因为孩子的认知水平飞速提升，导致孩子对自己睡觉的焦虑增加，另外，开始长牙、运动能力的突飞猛进也是导致孩子睡觉不安稳的直接因素。同样，2岁多的孩子突然变得结巴了，是因为这个时候他们的语言能力有了大幅的提升，他们希望用更好的语言来表达自己的想法和认识。但这个时候，孩子的语言储备往往跟不上他们思维的发展速度，也就是嘴巴跟不上脑袋，所以就会出现结巴的现象。家长在这个时候需要做的不是去纠正孩子，更不要嘲笑、指责孩子，否则会加重孩子的心理负担，让孩子产生更加紧张和胆怯的情绪，从而加剧孩子的“结巴”程度。这个时候家长要做的就是鼓励孩子慢慢说，耐心听孩子把话说完。等过了这个阶段，孩子的“倒车”现象就会自然消失。

家长要以正确的态度对待孩子“开倒车”的现象，理解孩子的进步不是直线式的前进，而是螺旋式的发展。形成这样一种观念，怀有一颗平常心，对孩子未来的发育和成长都是一件好事。

6. 让他自己来

前段时间，上海街头出现了这样一幕：一位上了年纪的老阿姨正在街上走着，突然从后面冲过来一名男子将她抱起，在空中狂甩。老阿姨试图挣脱，男子则加大了力度，强行将她往地上按，并用自己的上衣抽打她的头部。几个保安试图制止男子的疯狂举动，谁知这名男子非但没有收敛，反而更加猖狂，还拿了别人的扫帚要殴打老阿姨。后来经过调查，真相让人大跌眼镜，这名老阿姨正是男子的母亲。

事情的缘由是男子向母亲索要 2 万块钱还银行贷款，但母亲说自己没钱。男子又让母亲去向亲戚借，母亲不同意，他就直接动了手，对自己的母亲又是拖拽又是殴打。类似这种新闻层出不穷，这是典型的“巨婴”表现。在当今社会有太多的“巨婴”，把“啃老”当作理所当然，心安理得地拒绝长大。

犯罪心理学家对这种现象做过深入调查，发现“巨婴”大多有一种共同的经历，即在婴幼儿时期得到了父母过度的疼爱和帮助。这个帮助就表现在对孩子日常生活的大包大揽，小到穿衣服、穿鞋子、挤牙膏，家长都会尽可能地替孩子完成。家长的凡事包办打击了孩子独立自主的积极性，使得孩子无法掌握独立完成事情的技能，久而久之就会成为“啃老族”“巨婴”。

父母对孩子要学会放手，让他自己来，尤其是在孩子可以自己完成的事情上，坚决不要管。孩子 1 岁了，试着让他自己吃饭，别怕弄脏衣服，他不好好吃也不要追着喂。孩子 1 岁半了，让他自己穿衣服，别怕他穿不好，耐心等着他、鼓励他。2 岁的时候，孩子最喜欢给家长帮忙。在你打扫卫生的时候，孩子来帮你，千万别拒绝他，就算他给你帮了倒忙，你也要鼓励他，适当地给他安排一些力所能及的工作，给他创造劳动的机会。这样不仅锻炼了孩子独立自主的能力，也能让他体会到劳动的乐趣，体会到父母的艰辛。这样的孩子长大后更独立，也更懂得感恩。

还有一种事，也一定要让孩子自己来，那就是但凡孩子能自己承受的挫折，父母一定不要管。孩子遇到小的挫折之后，第一反应就是寻求父母的帮助，甚至会通过哭闹、撒娇来达到自己的目的。这时候，大多数家长都会于心不忍，第一时间就会安慰孩子，甚至让孩子放弃尝试。这样只会导致孩子的心理承受能力变得越来越弱，遇到困难就会逃避退缩，很难有出息。生活中有一种很常见的现象：小孩子突然摔倒了，并不很疼，他本来没什么反应，但是见到家长着急地跑过来问摔哪儿啦，疼吗……孩子反而立马哇哇大哭起来；相反，家长如果假装没看到孩子摔倒，孩子就会自己想办法爬起来，不哭也不闹。

所以，对孩子千万不要什么事儿都心疼。在孩子遇到挫败时，如果在他的承受范围内，家长就不要过多地干预，要让孩子独自面对，感受挫折。就算遇到大一点的挫折，家长如果能在一旁引导孩子找到解决问题的方法，孩子会更加勇敢坚强。家长不能陪孩子到永远，千万不要打着爱的名义，给孩子过度的疼爱和帮助，因为这些疼爱和帮助很可能成为孩子未来人生路上的“陷阱”或“定时炸弹”。

7. 商量好再说

孩子是父母的心头肉，父母一心为孩子打算，生怕耽误孩子的成长。但遇到生活中各种各样的问题时，父母的意见很容易不一样，很多家庭因为教育孩子没少发生争吵。这种现象在孩子0~6岁的时候尤为明显。一边是刚出生的孩子，大家都沉浸在幸福和喜悦中，恨不得使出浑身解数把全部的爱给孩子；一边是新手爸爸妈妈，在教育孩子方面没有任何经验，后边还有爷爷奶奶、姥姥姥爷作为“教育专家”给出各种不符合年轻夫妻的想法、也不适应时代的育儿意见。对孩子的养育，家长意见不一，争执不休，那种场面简直像个菜市场，就连孩子的衣服买什么颜色这种小事都能争得不可开交。这对于没有辨别是非能力、又无比依赖爸爸妈妈的小婴儿来说不是爱，而是一种巨大的伤害。爸爸妈妈是他最亲近的人，对同一件事却有截然不同的做法，这会让他感到很困惑。随着年龄的增长，孩子这种内心的冲突会给他造成不良的影响。有些所谓的“两面派孩子”就是这样产生的。不管是妈妈正确还是爸爸有理，他更愿意趋从于对自己有利的那一方。生活中有很多这样的孩子，在爸爸面前一个样儿，在妈妈面前则是另一个样儿。爸爸妈妈教育观点、意见的不一致，不仅会影响他们在孩子心目中的权威性，还会导致孩子形成双重人格，且孩子年龄越小，受到的危害越大。所以，对待孩子的教育问题，父母一定要商量好再说。

当然，有些事儿可能还没来得及商量就出现了，怎么办？怎样做才能把对孩子的伤害降到最低呢？首先，在孩子面前要尽量避免冲突。作为父母，要认识到，两个人的出发点都是爱孩子，都是为了让孩子健康成长，所以千万不要当着孩子的面争长短。比如对于吃零食的问题，吃或者不吃，可以先采纳一方的意见。之后，夫妻双方找一个合适的时间就此问题好好商量，得出一个一致的结论，以后就照此执行。第二，要统一目标，把握大的原则。在教育孩子的问题上，夫妻双方要注意的是不要在细枝末节上纠结，要从大的目标谈起，比如，父母对孩子应该做的事是什么？把孩子培养成什么样的人？产生分歧的事情在哪一点上违背了这样的目标？……从而达成一致意见，形成科学教育孩子的方法。第三，分配好不同情境中的“白脸”“红脸”，并且尽量均衡。确保夫妻双方在不同情境中都有“扮红脸”和“扮白脸”的机会，不要一方什么时候都是那个好说话的“好人”，另一方什么时候都是那个凶巴巴的“恶人”。家庭里不应该有一方一味地扮演“强制者”的角色，永远的“严父慈母”并不是什么好事情。最后，爷爷奶奶和姥姥姥爷的意见是否采纳，也应该最终由孩子的父母共同商量来决定。在老人坚持自己意见的时候，要实行各自劝退的方式，也就是爸爸劝爷爷奶奶，妈妈劝姥姥姥爷。

总之，夫妻双方要避免有害的分歧，做好统一战线，这样对孩子来说才是最好的结果。与另一半一起教育好孩子，需要双方共同努力并有改变的勇气，而商量好再说是教育孩子最基本的要求。

8. 图省事最可怕

教育最大的死敌就是家长图省事、怕麻烦。家长在孩子的教育上偷懒，孩子肯定就会在成长中偷懒。最典型的例子就是让孩子玩手机，即便有些家长打着用手机给孩子看教育片、学知识的幌子，也改变不了自己偷懒的本质。家长为了图省事，可以不用花更多的精力去管孩子，干脆把手机变成了孩子的一个“玩具”，只要孩子一哭、一闹，立马就让孩子抱着手机玩，瞬间整个世界都安静了。如此一来，眼下的生活看似清静了不少，但往后的日子可能就不那么平静了。孩子小的时候，在他们眼里父母才是最重要的，刚开始的时候，虽然手机好玩，但他们最希望陪伴在自己身边的还是爸爸妈妈，而不是没有温度的手机。但经过一段时间，孩子对手机产生了依赖，他就再也不需要你的陪伴了，当然更不会听你的话了。要知道，从你把手机扔给孩子的那一刻起，你就扔掉了自己所应担负的责任，同时也扔掉了在以后的日子里孩子对你的尊重。试想一下，当孩子对手机的依赖超过你的时候，你不觉得自己这个家长当得很失败吗？

有家长可能会说，孩子已经对手机产生了依赖怎么办？其实也很简单。世界上任何事情对0~6岁的孩子来说都是新奇的，强烈的探索欲会让孩子不断去拓宽和发现身边的一切。他们和成年人一样，往往会选择自己觉得有趣、能获得满足感的事物。所以，父母只要戒掉偷懒的毛病，用心和孩子一起去探索有意义的事情，孩子自然而然就会放下手机。

给大家推荐一个直接有效又非常有意义的陪伴方法：陪孩子一起读绘本。6岁之前是孩子的阅读启蒙黄金期，而对于0~6岁的孩子来说，绘本就像是书中牛奶。在轻松愉悦的氛围下，父母陪孩子一起阅读、翻看同一本书，不仅能够增强孩子的阅读兴趣和语言能力，提高孩子的记忆力和理解力，还能够增近亲子关系，给孩子丰富的情感体验。孩子接触书的时候，还能够增加视觉、听觉等感官的敏锐度，在拿、翻、玩书的过程中孩子的肢体能力和大脑协调能力也能得到发展。阅读习惯的养成需要一段时间，这就需要父母付出大量的时间与精力陪伴孩子。正是这种不怕麻烦的付出，可以为孩子学习书面语言和终身学习打下良好的基础，为孩子真正认识世界、解释世界、融入社会、发展自我提供广阔舞台。

9. 演小品，别说相声

0~6岁的孩子思维还很简单，有时候他们只能接受简单直接的指令，太复杂的接受不了。比如，孩子大约1岁半的时候就可以开始让他自己学习穿鞋子，如果孩子穿反了，大部分家长都会说“错了错了，左右反了”。对小孩子来说，这件事是没有对错的，你告诉他错了会给他增加压力，让他更加不知所措。这时候你只需要帮他把鞋换过来，并提示他就够了，不用去教他哪是左边，哪是右边。郑渊洁曾说：“教育孩子，身教是最重要的。”“闭上你的嘴，抬起你的腿，走你的人生路，演示给孩子看。”所以，家长在家里千万不要扮演相声演员的角色，一味地用嘴说教，而要像小品演员一样，亲身示范给孩子看。

我儿子1岁多的时候，开始有了自己的主意，吃饭前不愿意洗手。我和老婆想了很多种办法告诉他要洗手，比如告诉他不洗手吃饭会拉肚子，拉肚子要打针；再比如吓唬他不洗手会把虫子吃到肚子里；等等。事实证明，这些话语根本没有效果，我们越说，他对洗手的抗拒情绪就越大。问题的症结就在于我们一直是在用语言教育他。后来我俩灵机一动，开始在饭前“表演”洗手。我说：“哎呀，要吃饭了，我要洗手，我先洗。”老婆说：“我也要洗手，我排队！”我俩演得绘声绘色，这时候，让人高兴的事情发生了，儿子嚷嚷着非要排在我们前面洗手。从那天起，他就成了我们的洗手监督员，谁不洗手就不许吃饭。从那以后，凡是我们想让他做而他又不想做的事，我们都会临时编排一个小品表演给他看，屡试不爽。

孩子最强的学习方式是模仿，家庭教育最好的方式是言传身教。父母能以身作则，孩子自然能养成良好的行为习惯。如果不想让孩子沉迷于手机，那么家长自己回到家就尽量不要玩手机，即便要用也不要当着孩子的面。想要孩子孝顺，家长自己首先要做到孝顺。中国有句古话叫“上梁不正下梁歪”，说的就是这个道理。想培养什么样的孩子，你就按照自己的想法做给孩子看。

10. 我们都是早教家

对教育孩子的知识了解越多，家长往往越不自信，越不知道怎么教育孩子。这种恐惧和担忧，我听很多家长说过。孟子曾说过：“尽信书，则不如无书。”所有的教育方法、教育理念都是别人根据常理、经验总结出来的，有些时候并不一定适合自己的孩子，如果我们照本宣科地拿来用，还不如不学。其实大自然的规律是很有意思的，自然赋予我们“父母”的角色，自然也赋予了我们抚养和教育孩子的“本能性”能力。我们对自己要有信心，要相信，我们都是早教家。只要你爱孩子、有责任感，凭着你的本能去照顾孩子，教育就在其中了。比如，当你一边给孩子换尿布一边把他当成一个交谈对象和他说话时，你就在帮他建立起对父母的依恋，建立起一种对他今后的发展来说至关重要的情感和人际关系，同时也是在发展他的语言能力。再比如，当你和孩子一起玩捉迷藏的游戏时，他藏你捉，然后你藏他捉，这样的亲子游戏不仅让父母感受到快乐，也能让孩子学习一种更为复杂的思维方式——“双向”思维：孩子站在找人的角度，会推测藏的人在哪里；站在藏起来的角度，会推测捉的人可能不会到哪里去捉。孩子还能通过这样的游戏懂得离开自己视线的东西依然存在。这种被称作“客体永存”的概念，是孩子今后认知能力发展的重要基础。比如，孩子刚与父母分床睡时，会因为担心爸爸妈妈不在身边就是消失了而产生恐惧，父母通过捉迷藏的游戏可以减轻孩子的这种恐惧和焦虑。所以，用心陪伴孩子，用心和孩子一起做游戏、讲故事、干家务等，都是我们给予孩子的最好的教育。

0~6 岁是孩子最易受掌控的时候，也是一生中最需要我们的时候；等他长大了，即便他是爱我们的，他最想做的也是去看看外面的世界，去实现自己的理想。试想那个时候，我们再回忆起孩子的第一声啼哭、第一次微笑、第一次爬行、第一次站立、第一次迈步、第一次呀呀喊叫、第一次叫爸爸妈妈……太多太多的第一次，都会是珍藏在我们记忆里最美好、最幸福的时刻。与其到时候感慨、向往，不如抓住现在的时光，快乐地参与孩子的成长。

固本培元，以德润人

朱文娜

“固本培元”一词不仅是传统中医学理论的精髓，也是一种哲学思想。“本”是根本，“元”是元神，“固本培元”即巩固根本，培养元神。万物都有自己的根本，那什么是人的根本，人的元神呢？应该是德。所谓“人无德，则不立”，不管你是富甲一方还是身居高位，如果德行有伤，就很难得到别人真正的信服。

给大家举一个例子。获评 2020 十大经济年度人物的曹德旺先生不仅是一位非常成功的企业家，还是为社会做出突出贡献的慈善家。当别人问他为什么会取得如此大的成就时，他提到了父母对自己的影响。他在自传《心若菩提》中记录了母亲常说的一句话：做人最重要的是人格的完整，最需要的是取得他人的信任，要做到穷要穷得清，富要富得明。他还在自传中提到，他最初的经商理念，都来自父亲，很多的人生感悟也来自父亲。父亲常叮嘱他，做事要用心，要有真心、爱心、怜悯心……来自父母的这些谆谆教导，让曹德旺先生始终恪守做人做事的根本，无论是在生意场上，还是在平时的为人处世中，他都赢得了很好的口碑。事业越做越大的同时，他也不忘回馈社会。“穷则独善其身，达则兼济天下”正是曹先生修德治身的真实写照。结合曹先生在商业中的成功经历和他独特的人格魅力，我们不难感受到父母的教导给他带来的巨大影响。

正如蔡元培先生在《中国人的修养》一书中所说：“家庭者，人生最初之学校也。一生之品性，所谓百变不离其宗者，大抵胚胎于家庭之中。”蔡先生的意思简单明了，是说一个人的品行如何，往往是在很小的时候，在家庭生活中就奠定下来的。接下来，我就从三个方面具体谈谈家庭德育。

一、家庭德育之“殊”

家庭德育相较于学校教育或者其他形式的教育，它的特殊性主要体现在以下三点：

（一）不可回避性与道德观念的奠基性

父母子女这种上下两代人的关系一旦形成，就没有办法再改变，父母天然就要担负起抚养、教育孩子的责任。父母没有办法选择自己的孩子，孩子更没有办法选择自己的父母。

家庭是个人最初道德习得的场所。刚出生的婴孩就像一张白纸，虽然遗传使他们具备一些先天的特质，但是一个人的品德往往是在后天环境和教育的影响下形成的，而这种学习的关键期是儿童阶段。有句老话说，“三岁看到大，七岁看到老”，虽然有些绝对，但也不无道理。很多孩子长大后会发展成什么样子，能有多大出息，都是小时候的习惯和性格决定的。虽然孩子进入学龄后就要在学校接受教育，但是孩子的习惯和性格养成主要还是受到家庭教育的影响，如果父母不能给孩子正确的引导，孩子将很难成才！纵观古今中外的成功人士，他们在提到自己的成功经验时，大都离不开家庭的影响。

胡适的母亲冯顺弟，对胡适的一生影响极为深远。胡适在他的回忆录中用大量篇幅记载自己的母亲，叙述母亲在为人处世、品德形成中对他产生的重要影响。比如：

> 我在我母亲的教训之下住了九年，受了她的极大极深的影响。我十四岁（其实只有十二岁零两三个月）便离开她了，在这广漠的人海里独自混了二十多年，没有一个人管束过我。如果我学得了一丝一毫的好脾气，如果我学得了一点点待人接物的和气，如果我能宽恕人，体谅人——我都得感谢我的慈母。(胡适《我的母亲》)

胡适的父亲病逝时，胡适还不到四岁，年轻守寡的母亲不仅要抚育年幼的孩子，还要处理复杂的家庭关系。母亲是以继室的身份嫁到胡家的，继子的年龄比她还大，其中一个还是败家子。可想而知，这位年轻母亲的处境有多艰难。但就是在这种复杂的家庭环境中，冯氏对孩子不仅没有放松学业上的要求，在品德上的要求也是极严格的。

丈夫曾教给她曾子的名言：“吾日三省吾身——为人谋而不忠乎？与朋友交而不信乎？传不习乎？”冯氏学以致用，以此鞭策、饬勉儿子胡适。每天临睡之前，胡母即坐在床边，让站在床前搁脚板上的胡适“三省吾身”——今日做错了什么事，说错了什么话，该背写的帖是否背完写完。

我们从胡适先生的作品中不难感受到胡适先生所具有的温文尔雅、平易近人的君子风范。而这些好脾气、好品性，正如他自己所说，都离不开母亲的教导和影响。其实不只是胡适先生，回顾下我们自己的成长历程，不难发现，生命的底色往往在童年时期就已经打好。

我每每回忆起自己的童年时光，心里头总是亮堂堂的，闪着大片大片温暖的阳光，明亮而不刺眼。这种暖色调的人生底色，主要得益于我的妈妈。不管是对自己的家人还是外人，她永远都是温和善良的。

邻居家有个大我八岁的姐姐，现在是海南大学的教授。她的童年比较坎坷，三岁不到就没了母亲，父亲是个不理家事、嗜酒如命的人，陪伴她的只有年迈的奶奶。有一次，这位姐姐在微信中和我提了件往事，说她考上高中的时候，我妈妈特意给她买了一双非常漂亮的红色皮鞋来庆祝。她说，这件事她一辈子都忘不了，虽然她早就不记得自己母亲的模样，但寻常日子里，我妈妈对她的关心照顾让她感受到了母爱大概会有的样子。虽然我妈妈现在因为疾病瘫痪在床，甚至失去了语言功能，但是她在病痛面前表现出的坚强让我觉得，人无论处于多糟糕的际遇，遭受多深重的苦难，只要用心努力去寻找、去发现，就一定能找到生活里的明媚之处。它或许仅仅是一个好天气，一件再寻常不过的小事，比如过马路时汽车司机为你让行，戴着红领巾的小孩帮你捡拾掉在地上的物品……你只要不断去捕捉、积累生活里的这些小确幸、小美好，就会发现这人间是非常美好的。

生活中有一句很流行的话：“幸福的人用童年治愈一生，不幸的人用一生治愈童年。”我是幸运的，妈妈用她的宽和、温暖、善良为我打造了美好的童年，也照亮了我长大以后的道路，让我有更多的能量面对成年生活中的不容易。

（二）特殊情感性与道德行为示范性

父母与子女之间有一种建立在血缘关系之上的骨肉亲子之爱，从这种亲密的关系中，孩子更容易获得安全感、信任感；而旁人去说教，极易引起孩子的逆反。比如，我们现在的家庭中有很多是老人帮忙带孩子，遇到解决不了的问题时，老人最常说的话就是：“你爸爸妈妈在家你咋不这样！”“等你爸爸妈妈回来你就老实了！”从这样的话语中也能反映出父母在孩子心目中的权威远胜他人，来自父母得当的管教孩子更易于接受，并有可能取得较好的成效。

父母的示范性，这个更容易理解了。关于这方面的俗语也挺多，正面的有“老子英雄儿好汉”，反面的有“上梁不正下梁歪”，反映的都是这个道理。所以，父母要严于律已，争取给孩子做个好榜样。

（三）道德指导的针对性与形式的灵活多样性

家庭教育有一个很大的优势，就是家长和孩子在很长一段时间内都是朝夕相处、共同生活的，孩子是父母从小看到大的，论对子女的了解，应该没有人比得过父母，正所谓“知子莫若父，知女莫若母”。在学校，老师面对的是几十个甚至上百个学生，很难对每个学生有全面而深入的了解。这样对比来看，家庭德育的优势是非常显著的。自己的孩子有哪些优点、缺点，家长心里应该有本明白账，这样可以更加有针对性地对孩子进行教育。

家庭德育的灵活多样性体现在时间、空间、方式方法等各个方面，只要家长有心，就不难抓住和孩子沟通交流的机会。比如，接送孩子上下学的途中，跟孩子聊聊天谈谈心，哪怕是吃饭的时候也可以聊上几句。和孩子要多交流，多关心了解他们的思想动态，顺势进行正方向的引导。在方式方法上，可以进行有目的、有意识的言传身教、榜样示范式的看得见摸得着的显性教育。与之对应的，就是润物细无声的隐性教育，比如良好的家风、亲子关系、家庭互动等，它们就像空气一样，无时无刻不在笼罩、熏染着孩子。一个从家风清正、民主平等、和睦融洽的家庭中走出来的孩子，人生的大方向一定错不了。

二、家庭德育之“病”

（一）重智育轻德育

不少家庭将学习成绩作为衡量孩子成才与否的重要指标，与家长在孩子智力上的投入相比，家庭德育的职能明显弱化。

我身边就不乏此类事例。邻居家有个读初中的小姑娘，有一次她很开心地跟她妈妈分享学校里的事情，说是学校来了个新老师，还是研究生，同学们都很喜欢她上的思想品德课，结果孩子的妈妈不冷不热地回了一句：“把语数外三门主课学好就行了，其他的都没用。”其实看重孩子的学业成绩本身是没有任何问题的，问题是我们绝不应该如此轻视甚至无视孩子的品德教育。如果一个人能力超群、才华不凡，而在德行、人格方面出现重大问题的话，那他对他人、对集体，甚至对整个社会所带来的杀伤力也会更大，比如希特勒。

德行是一个人思想行为的指南，是走平坦广阔的阳关大道，还是走坎坷曲折的羊肠小道，它无时无刻不在指引着你。孩子要成才，必须先学做人。

（二）德育内容片面、失调

教育内容的片面、失调主要体现在两点：第一点是重家庭私德，轻社会公德；第二点是重“显性”道德，轻“隐性”道德。

关于公德和私德，梁启超先生说过这样一句话：“人人独善其身者，谓之私德；人人相善其群者，谓之公德，二者皆人生所不可缺之具也。”私德指的是私人生活中的道德规范，常和个人品德、修养、作风、习惯相关；而公德侧重于公共意识，比如爱护公物、保护环境、遵纪守法等。在私德上，我相信大多数家庭还是比较注重的，从小我们就被教导对人要有礼貌，要懂得尊重他人，要孝敬长辈，等等。但是公德方面的教育就有所欠缺了，很多家庭对于爱国主义观念、集体主义观念，以及处理人与社会、人与自然之间关系的社会公德方面的教育意识明显不足。

与之相关的事例在生活中不胜枚举。比如，过去家家都有自行车，现在大多换成电动车了，不管是自行车还是电动车，自己家的东西都知道爱惜，怕太阳晒着、雨水淋着，但路边的共享单车常有惨遭蹂躏的。再比如，我们周末去公园玩，满眼的葱翠确实使人身心怡然，正醉心于大自然的美景时，往往又被突现的废纸、饮料瓶、零食包装袋等败了游玩的兴致。其实不少时候，距这些垃圾不远处就设有垃圾桶。所以说在公德上，我们的确还有不少可提升的空间。我想起马未都先生说过的一句话："如果有一天，我们对公德的注重程度超过了私德，那将是我们社会整体文明的一大进步。"马先生的话，当然不是说不注重私德，他只是在强调，我们应该再迈向一个更高的台阶，以更宏大的视角检视自身的修为。

德育内容上的第二个不足就是重"显性"道德，轻"隐性"道德。可能很多人会有疑问：道德怎么还分显性和隐性？其实，这样的分法并非基于严格的理论依据，只是为了方便大家理解才提出的"新"说法。例如，我们从小接受的道德教育，往往离不开仁义礼智信的内容。《孟子·尽心下》有言："仁也者，人也。合而言之，道也。"简而言之，就是做人要有仁爱之心，这是为人的根本。再如《论语·述而》云："不义而富且贵，于我如浮云。"也是劝导人们勿走不义的旁门左道，要走正路，行正道。这样的良言警训在我们的家庭生活中得以代代传承，这是大家都在经历着的、显而易见的德育内容，姑且把它们称为"显性"德育。

而现代社会价值观日趋多元化，社会意识呈多样性，在德育内容的选择上也应注重与时俱进，应该把更多具有时代特征的德育内容补充进来，比如性道德教育、心理健康教育、网络道德教育等。尤其是孩子性道德方面的教育，在我们中国家庭中是普遍受到刻意忽视的。所以，我把当下应当受到重视而被忽视的德育内容称为"隐性"德育。

有这样一个比较经典又带些许哲学意味的问题——"爸爸妈

妈，我从哪里来?”相信很多孩子都问过。父母的回答往往丰富多彩，有路边捡的，充电话费送的，从爸爸的胳肢窝里蹦出来的，等等。

在中国家长惯有的认知里，往往是谈性色变，觉得这是一个应该避讳的话题。殊不知这对处于身体迅速变化成长期的青少年来说，是一个十分重要的课题。现在越来越多的学校已经有意识地在相关课程上做出改革和努力，但进展谈不上顺利。我们一起来看下面的这则事例：

2017 年，一套由北京师范大学儿童性教育课题组编写，经过大量文献研究和 9 年教学试验的儿童性教育教材《珍爱生命——小学生性健康教育读本》引起各方争论。最初是有一位妈妈提出该书内容尺度过大，后来网络媒体断章取义地解读，大量微博用户开始“声讨”这套性教育读本，最终校方被迫撤下此书。而事实真的如此吗?尽管书中部分内容在有些家长看来有些许敏感，但编者的初衷是希望性知识能和其他科学知识一样，被自然、准确地传递给儿童，是为了让孩子们更加科学地了解自己，减少因为成长而带来的不必要的恐慌和焦虑，避免由于性意识而引起的社会道德和法律的冲突。

家庭回避，学校也不能很好地开展这方面的工作，最后为家长的无知来买单的，就是懵懂的孩子。其实近些年来，我们没少看到一些令人痛心的新闻，比如，被非法之徒利用在网络上进行色情直播的未成年孩子。之前我和理发店的一位大姐聊天，她提到一件发生在自己儿子学校的事情。一名初二的女孩体检时被查出有了身孕，学校经过调查后发现，与该事有牵扯的男生不止一个。女孩的家长跑到学校去闹，责怪学校管理不善。我们暂且不去讨论学校对该事有无责任，当父母的是否该好好反思一下自己呢？平时有没有多关心孩子，对孩子有没有适当的教育和叮嘱？

此外，我还想补充说明不少人在性教育方面会存在的盲区，这在有男孩的家庭里表现得尤其明显。我不止一次地听有儿子的人说：男孩子就不用担心，反正吃亏的不是他们。对于这个说法，作为两个男孩的妈妈，我实在不敢苟同。我倒是觉得，男孩子在这方面更要好好管。作为男孩子的父母，应该也都希望自己的儿子是一个懂得尊重他人，做事有分寸，有责任心，知礼知节的人吧。有一位国外的妈妈在社交软件上分享了一个暖心的故事。这位妈妈有一个十三四岁的女儿，女儿在乘校车回家的途中来了例假，弄脏了裤子，但她并没有察觉这一切。这时有个比她大一两岁的男孩走过来，递上自己的外套，并小声提醒她裤子脏了。面对女孩的尴尬和窘迫，男孩轻声安慰："没有关系的，我也有妹妹。"在社交软件上，女孩的母亲隔空向男孩的母亲表达感谢，感谢对方教育出来一个好孩子。故事中的男孩给我们一种稳重大气、温暖又安心的感觉，他的父母一定也会为他的举动感到欣慰、骄傲。

心理健康涉及的内容比较复杂，一提到心理健康上的问题，很多人会不由自主地把它和心理疾病联系在一起。其实这两者有质的区别。世界卫生组织列出了七条心理健康标准：

（1）智力正常；

（2）善于协调和控制情绪；

（3）具有较强的意志和品质；

（4）人际关系和谐；

（5）能动地适应并改善现实环境；

（6）保持人格的完整和健康；

（7）心理行为符合年龄特征。

正常情况下，第一条和最后一条应该是大多数人都能达到的状态，其他几条就因人而异了。这几条标准指向的是一种比较理想化的心理健康水平，目的就是指导人们以此为参考，及时调整自己的心理状态，努力以一种积极饱满的富含生命能量的精神状态开展学习、工作，提升生活中的幸福感。

近些年来，青少年儿童的心理健康问题受到越来越多的关注。此前，我有幸聆听了我们家长学校孙鲁娟、陈翠平两位老师在任城讲的心理课程，课后我也目睹了不少家长围着两位老师咨询孩子的心理问题。心理问题的成因涉及的内容比较复杂，小到家庭中的基因遗传、教育，大到社会环境的影响，但归根结底，正如李玫瑾教授说的那样，孩子的问题往往是成年人造成的，想要洞悉孩子心理或行为问题背后的原因，往往要追根于孩子的原生家庭。孩子心理或行为问题背后的原因，多和家庭有关，比如亲子关系、家庭氛围等。孩子生病，大人也要吃药。

还有网络道德教育。网络世界有一定的虚拟性、隐蔽性，比现实世界更能考验人性。而且随着网络经济的兴起，在物欲的驱使下，已经出现了很多不好的现象，比如网络诈骗，还有为了赚取流量在网络上诽谤、造谣，进行低俗的直播，等等。我们的孩子生活在鱼龙混杂、泥沙俱下的网络时代，如何引导他们辨别是非真假美丑也是父母的一项重要任务。

（三）德育方法随心所欲

在家庭德育开展的方式方法中，普遍存在以下三种问题：

1. 知行分离，榜样教育不足

很多父母特别擅长给孩子讲大道理，一套一套的，但是自己又做不到，甚至是两张皮，说一套做一套，在孩子那里自然就会失去说服力。

我曾经见过这样一幅漫画，画中的父母完全沉浸在手机的世界里，坐在一旁的孩子显然没有了学习的心思，看向父母的眼神充满了孤独、无奈、委屈和不解，也许他还在心里抱怨父母——为什么你们能看手机，却不让我看？这样的场景，家长朋友们是不是很熟悉？在自己家中是不是也时有发生？我们担心孩子会迷恋手机、电脑，担心孩子的视力受到影响，会严格限制孩子看电子产品的时间，却偏偏在行动上给孩子做出了错误的示范。

2. 固执己见，平等沟通欠缺

其实，随着受教育程度的提高，父母科学育儿的意识是有所提高的。很多父母在和孩子的相处中一改高高在上的姿态，选择民主平等的沟通方式。但是，父母有时会打着“为孩子好”的旗号，行专断独裁之事。我们不妨一起来感受下这样一个场景：

要填高考志愿了，亮亮早就想好了报考古学专业。谁知他回家把这个消息一说，却遭到了爸爸的强烈反对。

亮亮（不解，疑惑）：为什么我不能报考古学专业？

爸爸（脸一黑，流露出不屑的表情）：没出息！

亮亮（不悦）：怎么没出息了？

爸爸（大声，坚决的语气）：反正不准报！你要么学医，要么学计算机。

亮亮（委屈，辩解）：可是这两个专业我都不喜欢。

爸爸（更加强硬）：别说了，这事没得商量！

亮亮（不甘示弱）：凭什么？

爸爸（发怒）：凭什么？就凭我是你爸！你是我儿子，就得听我的！

如果不是旁边的妈妈拦着爸爸，爸爸已经对儿子动手了。

孩子出生后，相信大部分父母都会产生要做个好父母的责任心。但这种“努力让自己成为好父母”的焦虑感，容易让父母陷入固执的旋涡，总想让孩子按照自己规划的路线来发展，却忽视了孩子的想法和感受。这种做法，往往不是爱，而是伤害。

3. 肢体暴力和语言暴力

肢体暴力和正常的肢体上的惩罚有着明显的区别，比如孩子实在是淘气不听话，打几下手心，拍几下屁股也无可厚非。一般情况下，肢体暴力的发生率不高，但是杀伤力极大，多见于家长情绪过于激动不可自控的情形，一旦冷静下来又会痛悔不已。这样的悲剧时有发生，其中有两件让我印象尤为深刻。

一个12岁的小女孩跟随母亲到深圳讨生活，两人寄住在亲戚家里，母亲在餐厅做着服务员的工作，小女孩则暂时辍学。一天晚上，母亲怀疑小女孩偷了自己28块钱，怒火中烧，抄起鞋柜上的一根塑料按摩板，责令女儿趴在床上，多次击打女儿大小腿后侧、手心等部位。之后，小女孩躺在地板垫子上休息。几个小时过去后，亲戚发现了小女孩的异样，连忙将其送医救治。遗憾的是，小女孩因失血性休克最终抢救无效死亡。

另外一个悲剧的当事人则是一个年仅 8 岁的小女孩。因为写作业不认真，母亲在小女孩的后脑勺上打了几巴掌，导致孩子颅内挫裂伤而死。这位母亲在得知自己女儿是被自己失手打死后，抱着办案民警的胳膊瘫倒在地，泪流满面，可也于事无补。

人，难免会有情绪崩溃的时候，真是到了这样的程度，不妨和孩子暂时保持些空间距离，等情绪平复了再说，以免发生让人后悔的事情。

与棍棒教育相比，语言暴力非常容易受到忽视，因为有时候我们根本意识不到挂在嘴边的话会和暴力扯上关系。比如，“别烦我，滚一边去！”“你是个讨债鬼吗？这么让人不省心！”“考这么点分数，是个人都比你强！”“猪脑子啊，怎么教都不会！”长期处于这种压抑的语言环境中，孩子会对自己产生怀疑，并不断进行消极的心理暗示，从而产生敏感、焦虑、自卑等问题。

以上内容就是我说的家庭德育中常见的三个问题——重智育轻德育；德育内容片面、失调；德育方法随心所欲。

三、家庭德育之“方”

针对上面三个问题，我在家庭德育的方法上做了以下几点思考，我把它们称为“三要”：德育理念要摆正，德育内容要充实，德育方法要科学。

首先，我们应该树立正确的人才观，对智育和德育形成正确的认识——无才平庸，无德坏人；德才兼备，以德为先。教育孩子的过程中，家长要把德育工作重视起来，在德育上多花点心思。在这里需要补充说明的是，我们强调德育的重要，并非是对智育的否定，学习成绩对于孩子和家长而言是非常重要的，但是比起学习成绩或者个人才艺，我们更应该把孩子健康的人格、温良的品行放在首位，这是陪伴并温暖他们一生的宝藏。

我们常听到一个词叫“德艺双馨”，是对人品好、技艺高的人的夸赞；再如“品学兼优”，相信这四个字可以代表大部分家长对孩子的期望。那么，大家有没有注意到“德艺双馨”“品学兼优”这两个词在字面上的共同之处？它们都把“品德”放在了最前面。可见，德育和智育一点也不冲突，不仅不冲突，很多时候，良好的品德修养更有助于个人才华的增进与施展。孟子有句众所周知的名言——“得道者多助，失道者寡助”，在这里我们也可以说：有德者多助，无德者寡助。做父母的，无不希望把最好的东西留给孩子，给票子、送车子、买房子，这些物质上的财富难保没有消失的那一天，唯独深耕于孩子心间、流淌于其血液中的良知良德，是可以一代代传承下去的，任凭谁也抢不走。

在德育内容上，我们要做的有很多，在这里我就重点说一说之前受到忽视的地方。

比如，性道德教育。这样的教育开展得越早越好，因为那些家长觉得隐晦的字眼，在年幼的孩子眼里跟眼睛、胳膊、腿没什么区别。为人父母，及时地帮孩子疏导成长过程中由于生理变化带来的困惑、烦恼、焦虑、冲突，责无旁贷。接下来我就谈些具体可操作的方法。

对于低龄的儿童，我们可以通过读绘本的方式给他们传递和性道德有关的知识，教孩子懂得如何保护自己并尊重他人。市面上有很多与之相关的绘本，我们可以在网上搜一些口碑好、推荐度较高的作品，买回来给孩子读一读。

说到这里，可能有些家长会有点着急了：孩子都读中学甚至上大学了，想补救，怎么做才不会显得那么尴尬呢？这就需要家长们多动点心思了。首先要选择一个恰当的时机把话题引进来，先从别人的事例说起，让孩子也加入讨论、评价，孩子就比较容易接受，同时也方便家长了解孩子的思想动态，从而顺势进行引导，相信孩子以后也会有意识地去注意这些事情。也可以选择一些特别的时间段，比如小学升初中、成年礼、生日这样的日子，郑重、有仪式感地送给孩子几本和他年龄段相符的相关书籍作为礼物，最好再附上一封手写信，让孩子感受到来自父母的嘱咐和祝福，相信此时的孩子会升腾起一种来自成长的自豪感、责任感和成就感。

在这里需要多补充一点，父母在给孩子普及这方面的知识时，记得调整一下自己，不要带着扭捏、不自然的神情，不然，孩子会觉得很奇怪。父母要大大方方，坦率而认真地对待这一课题，把这些知识自然而然地传递到孩子那里。

关于心理健康教育这块，不少家长会觉得束手无策。当孩子遇到问题时，很多家长只会干着急，甚至有的还会因为处理不当，非但帮不了孩子，还导致亲子关系的恶化。其中很大一部分原因是家长缺乏相关的知识储备。不少家长寄希望于听几堂心理课程或者找专业的心理咨询机构，就能解决孩子心理健康问题，但是效果往往不尽如人意。解铃还须系铃人，我个人的感受和建议是，家长不能仅仅依靠外力。家长自身要多读些心理学方面的书籍，不是为了成为这方面的专家，而是为了找到能够和孩子沟通心灵的那把钥匙。话说回来，做父母的也是从孩子走过来的，心灵上或多或少也曾有些缺失、迷茫，阅读这些书籍，也是在为过去的自己解锁，既帮助了孩子，也治愈了自己，何乐而不为呢？

关于网络道德教育，我始终觉得一个有着良好的道德修为、人格健全的人，不会在网络和现实里呈现出截然不同的模样。家长大可结合自己的生活阅历和生活智慧，引导、帮助孩子去辨别网络世界的是非、真假、美丑。

落实到具体的德育培养的方式方法上，家长们可做的有很多，我主要谈以下三点：

（一）注意榜样的示范性

孩子可以寻找的榜样有很多，而作为孩子第一任老师的父母就是最重要的榜样。父母首先要做的就是以身作则。跟孩子讲的那些道理，自己要践行，孩子才会信服。比如，你想让孩子跟你好好说话，那家长自己首先要学会倾听、表达，不要在孩子面前端着家长的架子，颐指气使；想让孩子成为充满正能量的人，就多和孩子分享生活中、工作上积极向上的东西，不要总当着孩子的面抱怨这抱怨那，满腹牢骚；想让孩子尊敬孝顺长辈，那你自己就得做出样子才行。有一个很古老的故事，讲的是不孝子弃母的事情。这个不孝子把老母亲背到山沟里扔掉，打算回家的时候，跟在一旁的儿子把背奶奶的背篓捡了回来，跟他爸爸解释说，留着以后给爸爸用。这个故事就是在告诫家长，一定要谨言慎行，多给孩子做出好的榜样示范。但家长也没有必要刻意树立高大完美的虚假形象，人无完人，孩子早晚都会明白这个道理，让孩子看到你在努力改变、进步，这本身就是非常好的示范。

另外，家长还可以引导孩子主动学习其他的榜样人物。家长要有意识地引导孩子多留意、关注发生在学校或社会上的充满正能量的时事新闻。比如，我国成功发射了神舟十三号载人飞船，我们就可以借这个机会跟孩子讲述我们国家的航天精神，向航天人学习不计个人得失、不求名利地位、以苦为乐、无怨无悔的奉献精神，学习他们在困难面前坚韧不拔、百折不挠，在成绩面前永不自满、永不懈怠的奋斗精神。再如，疫情期间所涌现出的一大批模范人物也是孩子们学习的榜样。多跟孩子讲讲这些，把孩子培养成一个有格局有情怀的人，相信这也是每位家长对孩子的殷切期盼吧。

（二）营造互相尊重、民主和谐的亲子关系

亲子关系是一个人一生中最早建立的关系，也是人际关系中最重要的一环，假如这层关系发展良好，它将成为孩子一生中一连串和他人良好关系的基础。关于如何改善亲子关系，我给大家支几招。

1. 身兼数职——父母、良师、益友

作为父母，最基本的职责就是给孩子爱的滋养和陪伴，用宽和、温暖、责任守护孩子的成长。一个从父母那里得到足够安全感的孩子往往会更有自信，即便遇到挫折也会表现出较强的抗挫能力。

作为老师，我们对孩子要有足够的耐心，不要动辄吼叫；还

要为孩子树立必要的规矩，让孩子懂得为人处世的道理，指引孩子的人生方向。

作为朋友，我们要懂得接纳、尊重和倾听。家长在面对孩子时，要自然地放下身段，跟孩子友好相处，这样孩子才愿意对你敞开心扉，接纳你。

2. 有话慢慢说

对孩子发火，情绪激动，是无法解决问题的。无法控制情绪怎么办？那就自己待一会儿，平静一下。当在孩子面前表现得平和时，父母就起到了最佳的表率作用，身体力行地教给孩子如何控制情绪和压力。

3. 别太唠叨，多听孩子说

唠叨，是破坏亲子关系的一把大刀。即便你说得再有道理，孩子也未必听得进去，甚至还会故意和你对着干。所以，家长在和孩子沟通的时候要讲究方法，最好能够换位思考。一个幽默、开朗、懂得倾听孩子的父母应该更受欢迎。

4. 掌握好平衡

对于父母而言，最大的挑战就是如何维持与孩子保持亲密关系和给予孩子一定私人空间之间的平衡。这的确不容易做到，但它对于越来越独立的子女而言又是必需的。做父母的不要试图去掌控孩子，这就如同手里的沙，握得越紧，漏得越多。

5. 抓住时机表扬孩子

在孩子做了正确的决定或事情时，要抓住时机表扬。赞扬会让他们觉得自己的决定和成功是受到重视的，同时他们的能力也得到肯定。

6. 创造时机，享受家庭生活

有句话说得特别温馨，叫“家人闲坐，灯火可亲”。家长们要有心创设和孩子一起用餐和休闲娱乐的时间。对于绝大多数孩子而言，最快乐的时光是和家人尤其是父母在一起的时刻。

7. 做真人，不是超人

如果家长发现自己有错误和缺点，要勇于承认，在适当的时候向孩子表达自己的歉意，并且告诉孩子，父母跟他们一样，正在努力做一个更好的人。

良好的亲子关系的建立绝不止我上面说的这几条，在此我也只是抛砖引玉，希望我们都能成长为智慧型父母。有了健康良好的亲子关系，很多问题的解决就是水到渠成的事。

（三）营造和睦健康的家庭关系

在一个家庭中，夫妻关系是核心，给孩子撑起天和地。家就像一栋房子，夫妻之间彼此支持、相互理解的关系是这栋房子的地基，而孩子就是住在里面的人。所谓神仙打架，凡人遭殃，若房子的地基成天摇晃，住在房子里的孩子就会失去安全感，容易焦虑，严重的甚至会影响心理健康以及健全人格的形成。为了孩子，也为了自己，请爸爸妈妈们能够相互尊重，相互体谅，相互接纳。生活中，难免会遇到一些磕磕绊绊，但也不能把孩子当磨心。作为一个成熟理智的成年人，咱们有话好好说，努力为孩子的健康成长打造一片宁静温暖的港湾。

我们常说父母是伟大的，这种伟大不仅仅体现在抚养教育孩子的辛劳中，更体现在父母陪伴孩子成长的过程中，永不放弃对自己的要求，在不断修行中成为更好的自己、更好的父母。

最后，我们还是把落脚点放在“德”上，和大家分享一句话——德乃立身之本，如水之源、树之根，虽不可见，须臾不可离。愿每一个孩子的内心都能长成枝繁叶茂的模样，迎着光，向着阳，不断生长。